Über die Autoren

Andrew Walsh und Falk Harfner, die Autoren dieses Buches, haben sich gesucht und gefunden.

Andrew Walsh ist der Ingenieur im Bunde, der im wahren Leben zahlreiche entwicklungspolitische Projekte geleitet hat – und unter ihnen zu leiden hatte. Seit mehr als 25 Jahren ist er fachlich im Bereich der erneuerbaren Energien zu Hause und beschäftigt sich mit zahlreichen weiteren Optionen einer nachhaltigen Lebens- und Wirtschaftsweise.

Falk Harfner kommt aus dem kulturwissenschaftlichen Bereich und verdient seine Brötchen seit über 15 Jahren mit Marketing und Kommunikation. Er formulierte daher Andrew Walshs eher ruppige Sprache in einen humorvollen, gut lesbaren Text um. Zudem erweiterte er ihn um einen soziokulturellen Blickwinkel, ohne dabei den Geist des Buches zu verändern.

Andrew Walsh & Falk Harfner

Entwicklungsgehilfe

Erfahrungsbericht eines

unfreiwilligen Komplizen

© 2020   Andrew Walsh & Falk Harfner

Umschlag, Illustration:
Indra Audipriatna - Indonesien

Lektorat, Korrektorat:
Martin Rudolph - Harfner Communications -
www.harfner-communications.com

Verlag und Druck: tredition GmbH, Halenreie 40-44,
22359 Hamburg

ISBN
Paperback: 978-3-347-06564-2
Hardcover: 978-3-347-06565-9
e-Book: 978-3-347-06566-6

Inhaltsverzeichnis

Positive Veränderungen treten nur dann ein, wenn auch jemand aktiv wird. Dieses Buch ist aus diesem Gedanken entstanden und möge der erste Schritt in diese Richtung sein. Inspiration und Wegbegleiter war für uns hierbei der bekannte Satz aus "The Lorax" von Dr. Seuss:

„Unless someone like you cares a whole awful lot, nothing is going to get better. It's not ..." 1[1]

(Zitat aus dem Buch von Theodor Seuss Geisel (1904-1991), genannt Dr. Seuss, „The Lorax")

---

[1] *Zu Deutsch: „Wenn nicht einmal jemand wie du sich kümmert, wird niemals wirklich etwas besser werden. Glaube mir!"*

Vorwort der Autoren

Das vorliegende Buch wurde von Andrew Walsh und Falk Harfner geschrieben. Das wissen Sie bereits, denn es steht auf dem Umschlag. Was Sie (noch) nicht wissen, ist, dass es sich hierbei um Pseudonyme handelt. Sie wissen auch nicht, dass die hier enthaltenen Geschichten von einem fiktiven Erzähler wiedergegeben werden. Bei aller Unterschiedlichkeit der Autoren stellt dieser Erzähler eine harmonische Kombination der beiden dar: Für Andrew Walsh, der aus Eigeninteresse gänzlich anonym bleiben möchte und über den Google noch weniger weiß als Sie jetzt gerade, verkörpert der Erzähler die praktische Erfahrung der geschilderten Ereignisse sowie die echte Emotionalität des Erlebenden. Für Falk Harfner bringt er die kulturpolitisch-kritische Perspektive sowie den distanziert-sarkastischen Humor eines latent lächelnden Literaturhistorikers ein. Daraus ergibt sich ein gerundetes Bild, das wir mit viel Schmunzeln, etwas Sarkasmus und jeder Menge Idealismus angefüllt haben.

Was Sie vor der weiteren Lektüre überdies wissen sollten, ist, dass sich die hier vorgestellten Geschichten irgendwo zwischen den beiden Polen Wahrheit und Fiktion bewegen. Sie verfremden daher bewusst die geschilderten wahren Begebenheiten, ohne ihnen den Stachel zu nehmen.

Warum das Ganze? Weil zu ungefilterte Realität im Zusammenhang mit deutscher Entwicklungshilfe weh tut. Oder, um es mit de Maizière zu sagen: Zu viel Wahrheit „würde die Bevölkerung verunsichern." Und nicht nur diese, sondern auch die Entscheider und Verursacher jener Zustände, die wir in diesem Buch gleichermaßen darstellen, kritisieren und mit eigenen Ideen zu bessern versuchen. Ein zu konfrontatives Vorgehen würde gerade die Verantwortlichen lediglich verärgern und verärgerte Menschen sind schwerlich zu Veränderungen zu bewegen. Wir wollen aber verändern. Unser Ziel ist nichts weniger als die Weltverbesserung und diese erreicht man eher durch Kooperation als durch eine zu ambitionierte Konfrontation.

Dennoch will die Weltverbesserung erstritten werden und dies ist unser Beitrag zu diesem notwendigen Streit. Ihr Beitrag besteht darin, es nicht nur bei der Lektüre dieses Buches zu belassen, sondern sich idealerweise über seine wahren Hintergründe zu informieren. Am Ende ist jedes Handeln politisch und eine breite Beschäftigung mit dem Thema ‚Entwicklungshilfe und ihre Umsetzung' wird dieses auch zwangsläufig in die Reihen der politischen Entscheider tragen. Diese schlafen, wie es der deutsche Michel gern tut. Dieses Buch wird Ihnen zeigen, dass es auch in Ihrem Interesse liegt, als Wecker zu fungieren. Und nun wünschen wir Ihnen viel Spaß und − ganz im Sinne von Papst Gregor dem Großen − auch ein wenig Zorn.

Vorwort des Erzählers

Liebe Leserin, lieber Leser,

ich möchte Ihnen an dieser Stelle ganz herzlich zu Ihrem kaffeetassenübergreifenden Interesse am Weltgeschehen gratulieren! Der Umstand, dass Sie dieses Buch erworben haben und gerade aufgeschlagen in Händen halten, mag dafür Beweis genug sein. Wenn Sie es geschenkt bekommen haben, dürfen Sie das Lob auch sehr gern weitergeben.

Diese Seiten beinhalten drei Geschichten. Es handelt sich bei diesen Geschichten um Erfahrungsberichte von meiner Arbeit als Projektleiter in Entwicklungshilfeprojekten im Nahen Osten und in Afrika. Sie sind sehr persönlich, nehmen sich nicht allzu ernst und sind an einigen Stellen bewusst kreativ überzeichnet. Sie haben daher mit Johann Wolfgang von Goethes Autobiografie einiges gemeinsam – sie sind zugleich Dichtung und Wahrheit. Allerdings ist die Realität darin wiederum auf sehr eigentümliche Weise so präsent, dass ich mich an dieser Stelle vorab für – natürlich rein zufällige – Parallelen zu tatsächlich existierenden Personen, Phänomenen und Organisationen entschuldigen möchte. Wer sich also hierdurch auf den Schlips getreten fühlt, möge zur Fliege wechseln. Mein Ziel ist es, meine ganz realen und daher natürlich sehr einseitigen Erfahrungen mit der deutschen Entwicklungshilfe – dem Feigenblatt deutscher Außenpolitik im 21. Jahrhundert – zu schildern. Im Laufe Ihrer Lektüre werden Sie sich immer wieder einmal bei folgendem Gedanken ertappen: „So verrückte Geschichten wie die hier vorgestellten können doch nur Fantasie sein! So etwas gibt es nicht wirklich, oder?" Seien Sie beruhigt: Nein, sicher nicht! Oder vielleicht doch? Wer weiß …

Um Ihnen das Verständnis dieser Zeilen zu erleichtern, möchte ich mich Ihnen zunächst vorstellen. Ich bin, wie gesagt, Projektleiter in Entwicklungshilfe-Projekten im besten Alter. Als Widder von Geburt bin ich impulsiv und neige zur Überreaktion. Dieses Buch ist daher auch eine Möglichkeit, mir den einen oder anderen Frust von der Seele zu schreiben, damit er nicht eskaliert und anschließend bei denen, die es verdienen, faustdick hinter den Ohren einschlägt.

Wichtig ist mir bei aller Kritik, dass ich an der Sinnhaftigkeit der Entwicklungshilfe an sich nicht zweifle, ja sogar überzeugt bin, dass ihre vernünftige Umsetzung sehr viel Gutes zu zeitigen fähig ist. Und ich bin stolz auf die Rolle, die ich im Rahmen von Entwicklungshilfeprojekten immer wieder spielen durfte!

Zu kritisieren ist für mich also nicht das Was, sondern das Wie, die Umsetzung. Dabei herrscht meiner Erfahrung nach das Gießkannenverfahren vor: Kurzfristig, ziellos und ungeprüft wird viel Geld in fragwürdige Dienstleister gepumpt, die einen Teil davon auf die eigenen Mühlen schütten und den Rest dann planlos über einer Region ausgießen. Dadurch wird irgendwo schon etwas wachsen und blühen, so die These. Jeder Unternehmer und jede Unternehmerin weiß, dass das nicht funktionieren kann. Aber in anderen Ländern gelten ja auch andere Regeln, nicht wahr? Ja, genau! Und der Maulwurf wirft Mäuler, schon klar! Aber ich schweife ab ...

Alle Geschichten, die ich hier vorstelle, sind im Rahmen von Projekten einer bestimmten, natürlich völlig fiktiven Entwicklungshilfsorganisation entstanden. Lassen Sie uns diese verfremdend und charakterisierend zugleich als Bundesdeutsche Leit-Organisation für Entwicklungshilfe-Dienste (kurz: BLOED) bezeichnen.

Die Aufgabe von BLOED besteht darin, die Gelder, die vom Bund für die Entwicklungshilfe zur Verfügung gestellt werden, in sinnvolle und vor allem nachhaltige Projekte zu investieren. Ein Ziel ist beispielsweise die Fluchtprävention und hier sind die Ergebnisse dürftig. Gerade jetzt wären in eben diesem Bereich jedoch gute Ergebnisse außerordentlich wertvoll. Doch der Erfolg, so scheint es, ist ein scheues Reh.

„Never change a running system!", heißt es allgemein. Und wenn das System nicht ‚läuft'? Dann schließen alle Beteiligten die Augen, stecken den Kopf in den Sand und träumen von der schönen neuen Welt. Ein teurer Traum, den am Ende der Steuerzahler finanziert und sich dann wundert, warum trotz der zahlreichen Milliarden jedes Jahr, die in die Entwicklungshilfe fließen, die sogenannte 3. Welt drittklassig bleibt. Doch solange die eigene Reputation trägt, die Geschäfte laufen und das Geld vom Bund fließt, ohne dass die Ergebnisse ernsthaft geprüft werden, gibt es ja auch keinen Grund, eine angemessene Leistung zu erbringen.

Der Fehler liegt im System und das wird sich nicht nur anhand der folgenden Geschichten zeigen, sondern auch durch meine anschließende Analyse. Ich will ja nicht nur meckern – wir Widder können das gut! – ich will auch Gedanken aufzeigen, wie einige Fehler im System behoben werden können.

Einige meiner Freunde haben mich immer wieder gefragt, warum ich mir die Mühe mache, meine Gedanken und Erfahrungen niederzuschreiben. Dadurch ändere sich ja doch nichts, so der Tenor. Ich mag meine Freunde sehr, aber ich kann diesen Unsinn nicht hören! Es interessiert mich, was mit meinen Steuergeldern geschieht. In dem Rahmen, wie ich darauf Einfluss nehmen kann, dass diese sinnvoll verwendet und nicht verschwendet werden, möchte ich das tun. Vielleicht bin ich ein romantischer Träumer und Weltverbesserer, wer weiß? Ich bin jedenfalls davon überzeugt, dass bei der Entwicklungshilfe das Rad nicht neu erfunden, sondern nur intensiv ausgebeult werden muss. Das ist machbar, wenn der Wille da ist, etwas zu bewegen.

Lassen Sie uns nun, mit diesen Gedanken, Beobachtungen und Vorab-Analysen im Hinterkopf, in die eigentlichen Geschichten starten. Wenn Sie darüber so viel lachen können, wie ich mich dabei geärgert habe, habe ich mein Ziel erreicht. Sollten Sie sich auch ärgern, darüber mit Ihren Nächsten sprechen und sich ernsthaft Gedanken machen, wie die Situation zu ändern ist, habe ich es sogar übertroffen. Und sollten Sie danach ins Handeln kommen, um Ihren Beitrag zur Verbesserung der Situation zu leisten, bleibt auf meiner Seite kein Wunsch mehr offen. Eines ist sicher: Es lohnt sich, die eigenen Weltrettungspläne hin und wieder zu überdenken!

I. Orient Expat

Mein erster Auftrag im Dienste der BLOED-Organisation versprach spannend zu werden: Im Briefing wurde mir berichtet, es ginge für mich in ein reiches arabisches Land. Meine Aufgabe sei es, unseren wohlhabenden, aber in puncto erneuerbare Energien doch recht ahnungslosen Kooperationspartnern im Wüstenreich ein wenig unter die Arme zu greifen – beratend, versteht sich. Das Zauberwort hieß ‚technische Entwicklungshilfe'.

Träume von Tausendundeiner Nacht wurden in mir wach: vom Duft seltener Gewürze, von generösen, dauerlächelnden Sultanen und elegant verschleierten Sultaninen. Ich träumte von Dattelpalmen, Wüsten und langen Stränden am glitzernden, schäumend-blauen Meer. Ich träumte auch davon, dass etwas von dem Lebensgenuss, dem Reichtum und der Sorglosigkeit auf mich abfärben möge. Auch der Weltverbesserer in mir kam dabei auf seine Kosten. Dieser konnte zahlreiche sinnvolle Baustellen rund um das Thema erneuerbare Energien sehen – und dazu gewaltige Reichtümer, die unentwegt aus Aladdins wunderbarer Öllampe flossen und jedes noch so verwegene Projekt finanzierbar erscheinen ließen. In wenigen Augenblicken war ein Paradies vor meinem geistigen Auge erstanden, das Lust auf mehr machte.

Mit Begeisterung bestieg ich das Flugzeug in mein neues Abenteuer. Mit Begeisterung landete ich am Zielflughafen, der meine kühnsten Träume von Reichtum und Prunk leicht zu übertreffen imstande war. Mit Begeisterung wurde ich von meinem lächelnden Empfangskomitee vor

Ort begrüßt. Ich habe in dem Moment wohl so unausstehlich glücklich ausgesehen, der Widder in mir hätte den eigenen Anblick im Spiegel sicher nicht ertragen. Zum Glück war gerade kein Spiegel griffbereit, denn derartige Vorrichtungen regen ja nicht nur zur Selbstbetrachtung, sondern auch zur Selbstreflexion an.

Kurzum, ich war so vollgepumpt mit heißer Luft, schon die kleinste Nadel hätte mich zum Abheben gebracht. Und die Nadel kam. Und sie war groß. Und sie war nicht allein. Aber von vorn ...

Reich geworden war mein Gastgeberland wie gesagt durch Öl. Irgendwann hatte ein Nomade im Wüstensand gebuddelt und war auf eine übelriechende, dickflüssige Brühe gestoßen. Aladdins Wunderlampe war entdeckt worden und – puff! – war ihr gleich ein hilfsbereiter und völlig uneigennütziger amerikanischer Geist erstiegen und hatte gesagt: „Howdy, das kauf' ich dir ab!"

Seitdem ist nicht nur dieser Nomade reich geworden, sondern mit ihm sein gesamtes Land. Was sich ein Landsmann auch wünschte, der Wundergeist jenseits des Atlantiks kam damit schon bald herbeigeeilt: Autos –puff!, Flugzeuge – puff!, Waffen: puff, puff, puff! Nur Demokratie und Menschenrechte hatte er immer wieder vergessen, doch die hatte sich ja auch niemand gewünscht. Mit dem Reichtum kamen auch der Wohlstand und der Müßiggang. Da Müßiggang sich mit Reichtum jedoch nicht verträgt, kamen auch die, die bereit waren, für ein paar Brotkrumen vom prunkvoll gedeckten Tisch des Reichtums zu arbeiten. Diese armen Seelen waren in erster Linie Ausländer, die alle notwendigen Aufgaben erledigten, zu denen die wohlhabenden Landesherren keine Lust hatten – und einer von ihnen war ich.

Dass ich als deutscher Experte in Energiefragen genauso ein armes Kamel war wie all die anderen, die von Geburt an keinen Anteil an Aladdins Wunderlampe hatten, war mir bei meiner Ankunft, wie gesagt, noch nicht bewusst. Schließlich sollte ich das Ministerium selbst beraten und so das ganze Land beim Aufbau einer nachhaltigen Energieversorgung, bei der deutlichen Steigerung des Anteils an Erneuerbaren im künftigen Energiemix unterstützen. So wollte es die Theorie und der naive, theorieverliebte

Widder in mir stand auf dem höchsten Felsvorsprung und hatte das Haupt majestätisch zur aufgehenden Sonne erhoben.

Die Praxis war wesentlich weniger schillernd. Und sie ereilte mich schnell. Sie tat dies in Form meiner Ankunft am Ministerium für Energie- und Wasserversorgung, das ich mir im Vorfeld sehr edel, luxuriös und geradezu großartig ausgemalt hatte. In Wirklichkeit handelte es sich um ein hässliches Gebäude, das an ein altes Einkaufszentrum erinnerte, welches offensichtlich mit viel Improvisation und wenig Geschmack einer neuen Funktion zugeführt werden musste.

Man soll ein Buch nicht anhand seines Umschlages bewerten, und so sprach dem Brüllen des Widders in mir eine sanfte, beschwichtigende Stimme entgegen, die zu bedenken gab, dass man hier doch in einem der reichsten Länder der Welt sei. In so einem Land warte daher im Inneren des bewusst bescheiden wirkenden Gebäudes schon ein schnuckeliges und mit hervorragendem Komfort ausgestattetes Büro darauf, von mir lächelnd bezogen zu werden. Schließlich, so merkte die Stimme geistreich an, sei man ja der deutsche Energieexperte und Minister-berater höchstselbst, der einem ganzen Land beim Prozess der Implementierung erneuerbarer Energien helfen sollte, dessen Wort Gewicht hatte und für dessen Wissen und Erfahrung echter Bedarf bestand.

Die sanfte Stimme hatte Unrecht. Schon das Betreten des Gebäudes zeigte mir, dass sein Inneres mit dem Äußeren auf Augenhöhe war. Oben hausten die, die etwas zu sagen hatten, aber nichts taten, unten wurstelten die, die etwas taten, aber nichts zu sagen hatten. Zwischen Ihnen war eine unpassierbare Glasdecke, die keinen produktiven Austausch zuließ, weshalb die Augenhöhe sich im Inneren des Gebäudes nicht fortsetzte.

Ich verortete mich geistig natürlich im oberen Teil dieses Gebäudes. Nach einer überschwänglichen Freude über die Ankunft des deutschen Experten führte man mich zu einem Raum im unteren Teil, den ich in der Besinnung auf mein Standesbewusstsein für einen Lagerraum hielt. Hier, so flüsterte die leicht angeschlagene sanft beschwichtigende Stimme, würden die Büromaterialien gelagert, die ich für meine verantwortungsvolle Arbeit brauche. Der

Schlüssel fand sein Schlüsselloch, das Schloss schnappte auf und ich schnappte nach Luft, als man mir, den Müll beiseiteschiebend, freudig mein neues Büro vorstellte. Die Stimme hatte erneut Unrecht gehabt und zog sich betrübt und unauffällig hinter eine verborgene Hirnwindung zurück. Sie machte dankbar einem gewissen Zwecksarkasmus Platz, der unter den hier vorherrschenden trockenen Bedingungen schnell wachsen und gedeihen sollte.

Dieses Büro war klein – sehr klein. Es hatte als Lebensraum gerade so für die Kakerlaken ausgereicht, die bei dem unerwarteten Lichteinfall eilig das Weite suchten. Es war fensterlos und wurde mühevoll von einer trüben, flackernden Glühbirne erhellt. Im Raum befanden sich ein kleiner Schreibtisch, ein müder Drehstuhl und sogar ein kleiner Schrank. Und wenn der tolle deutsche Experte den Bauch einzog, konnte er sich sogar zwischen diesen Büromöbeln hindurchbewegen. Herzlich willkommen in der Realität!

Meine Freude war kaum zu bändigen und sie sprang mir förmlich aus dem Gesicht. Nun hob eine weitere beschwichtigende Stimme an – diesmal die des Menschen, der neben mir stand – und meinte in einem stolzen Flüsterton, dass dieses Büro doch viel größer sei als das der Kollegen. Er hatte recht: Diese fristeten ihr Dasein in Schuhkartons, in denen der Schrank ein Schränkchen war und unter dem Schreibtisch stand. Bewegung war hier nur in Form von Gedanken möglich, die sich aus diesen unwürdigen Umständen hinwegträumten in eine bessere Welt.

Ich hatte gerade diesen Schock verwunden, da wurde ich von einem Kollegen, der sich später als wirklich und nachhaltig nett herausstellen sollte, freundlich eingeladen, meinen hiesigen Vorgesetzten kennenzulernen. Dieser Kollege rief anschließend noch in den einen oder anderen Schuhkarton hinein, woraufhin diese zahlreiche graue Gestalten ausspuckten, die froh waren, einmal durchatmen zu können. Diese muntere Karawane trabte dann nach oben, zu den besseren Büros, in die Wirkungsstätte des Ministers, dem ich ja direkt unterstellt war. Beim Eintreten ins Reich des Meisters schoben mich meine Begleiter wie einen Turmschild vor sich her, wechselten demütige Worte mit seiner Exzellenz und zogen sich dann mit tiefen Verbeugungen in die dunkelste Ecke des Raumes zurück. Der Großmeister saß dick, bequem und etwas schwerfällig hinter seinem großen Schreibtisch und machte lächelnd gönnerhafte Gesten. Trotz seines jovialen Auftretens schien er nett zu sein. Er begrüßte mich freundlich und gab mir zu verstehen, dass er hier der Boss sei und ich fortan für ihn arbeite. Ich grüßte den Minister mit dem ihm gemäßen Respekt – er war mit ‚Eure Exzellenz' anzusprechen – beglückwünschte ihn zu seinem schönen Büro und gab ihm im Gegenzug zu verstehen, dass ich mich auf die Zusammenarbeit und den gemeinsamen Einsatz für die Zukunft seines Landes sehr freue.

Nachdem sich die Karawane wieder in sicherere Regionen ihrer tristen Wirkungsstätte zurückgezogen hatte, wurde ich über meinen Irrtum aufgeklärt: Der dicke Kerl, der da vor mir gesessen und all meine einem Minister gebührenden Ehrbezeigungen würdevoll und widerspruchslos entgegengenommen hatte, war lediglich der Bürovorsteher gewesen. Ich lächelte verdutzt, vor allem über mich selbst, gab ihm aus einer Laune heraus den Spitznamen ‚Saruman' und ordnete ihn anschließend in meinem geistigen

Koordinatensystem irgendwo zwischen unwichtig und nicht ganz so wichtig ein. Wie passend der Name gewählt war, sollte sich später noch zeigen. Ich hasse es manchmal, wenn ich Recht habe. Saruman war in menschlicher Form jenes Statement, das mein Büro in räumlicher Form war: Beides zeigte mir, dass der tolle deutsche Berater, für den ich mich hielt, hier eine eher untergeordnete Rolle spielte.

Im Büro richtete ich mich schnell ein – es ist schließlich meine Aufgabe, aus desolaten Situationen – im Großen wie im Kleinen – das Beste zu machen. Nicht arrangieren konnte ich mich jedoch mit dem Umstand, dass Saruman sich weiterhin als mein Boss aufspielte. Er hatte von Anfang an einen Narren an mir gefressen und verstieg sich regelmäßig darauf, mir zu zeigen, wer hier das Sagen hätte. Dabei folgte er einem leicht zu durchschauenden Ablauf: Ein- bis zweimal am Tag parkte er seine wuchtige Wampe vor meinem Büro, lugte herein und machte irgendeinen Spruch, den ich weder verstehen konnte noch wollte. Darauf beschränkte sich sein Tagwerk im Großen und Ganzen, sofern er überhaupt da war. Oft war er für seine Exzellenz, den echten Minister, in wichtiger Mission unterwegs. Das waren die Tage, in denen ich ungestört arbeiten und sogar noch in einen recht produktiven Austausch mit den Bewohnern der Schuhkartons neben mir treten konnte. Auch diese verwendeten seine geschätzte Abwesenheit darauf, zu schlafen, Zeitung zu lesen, Tee zu kochen oder sich aufrecht stehend auf dem Gang zu unterhalten. Ich selbst nutzte diese Zeit hin und wieder, um Antworten auf konkrete Fragen zu erhalten, und war jedes Mal von der großen Kompetenz beeindruckt, die ungehoben in den Schuhkartonisten schlummerte.

Nichts ist so, wie es scheint, und so wurde ich in einem dieser Gespräche darüber aufgeklärt, dass die meisten von Sarumans Missionen eher privater Natur waren. Er machte in seiner Arbeitszeit kleine Besorgungen, hübsche Geschäftchen am Rande, von denen niemand etwas wissen sollte – doch alle wussten es. Dieser Pfundskerl war einfach nicht zu übersehen. Da mich seine täglichen Heimsuchungen nicht zu beeindrucken schienen und ich es wagte, einfach wortlos und ohne jeden Kniefall weiterzuarbeiten, war Saruman sehr bald dazu übergegangen, mich einmal pro Woche in sein Büro zu zitieren. Das, so dachte er wohl, würde mich brechen und mich endlich dazu animieren, seine Schuhe zu küssen und ihm ewige Nibelungentreue zu schwören. Irgendwann in der Woche, wann immer ihm danach war, sprang plötzlich meine Tür auf und der dicke Bürovorsteher war im Bilde. Er sah aus wie ein Pfau mit Ausbuchtung, gackerte entsprechend wirres Zeug in einer unbekannten Sprache, die entfernt an Englisch erinnerte, und deutete mir an, in sein Büro zu kommen. Ich nickte und arbeitete weiter, schließlich hatte ich wichtige Aufgaben, die ich nicht sinnlos unterbrechen wollte.

Da ich nicht zum Sklaven geboren war und nicht sprang, wenn Saruman bellte, wurden wir keine Freunde. Manchmal machte ich mir einen Spaß daraus, ihn warten zu lassen, bis ihm der Kragen platzte. Dann brüllte er mit ungesunder roter Gesichtsfarbe durch die Gänge, dass die Schuhkartons leise zitterten und graue Nasen ängstlich aus ihnen hervorlugten. Da erhob ich mich langsam und würdevoll, ging mit aufrechtem Gang und gemessenen

Schritten in Sarumans Büro und wusste die stille, lächelnde Sympathie der Schuhkarton-Insassen auf meiner Seite.

Das fand Saruman nicht lustig. Ebenso wenig amüsierte es ihn, dass ich ihn bei diesen Treffen beständig danach fragte, wann ich denn endlich den Minister, meinen Vorgesetzen, kennenlernen würde. Diese Frage umschiffte er stets elegant wie ein Amboss und ansonsten waren die restlichen Gespräche in Sarumans Büro ebenso inhaltsleer wie sein Fastenkalender.

Saruman war in den ersten Wochen meine einzige Verbindung zum Minister und fungierte somit als eine Art wohl gerundeter Flaschenhals. Meinen Mangel an Respekt ließ er mich in dieser Funktion schnell spüren, indem er meinen Vorschlägen und Strategiepapieren zunächst nur das Label ‚exzellente Arbeit' aufdrückte, ihnen dann aber keine Taten folgen ließ und sie später, je distanzierter unser Verhältnis wurde, einfach rundweg ablehnte. Hin und wieder erfuhr ich dann durch Zufall, dass einige meiner grauen Kollegen an dem einen oder anderen Vorschlag von mir arbeiteten, aber das war eher die Ausnahme.

Was Saruman blockierte, landete nicht auf dem Schreibtisch des Ministers und konnte somit auch nicht in Betracht gezogen werden. Das war durchaus ärgerlich und so fragte ich ihn nach einigen Malen, die er dieses Spiel mit mir gespielt hatte, was denn von mir erwartet werde. Eine klare Einweisung, so erklärte ich ihm, hatte ich ja bis zu diesem Zeitpunkt nicht bekommen. Ich hatte mir daher auf der Grundlage der Stellenbeschreibung durch das BLOED-Büro, meinen Gesprächen mit den anderen Schuhkartonisten und meiner eigenen Erfahrungen selbst eine Funktion gegeben und anschließend fleißig recherchiert und viel Papier beschrieben.

Irgendwann fiel Saruman dann ein, ich könne ja Ideen kreieren, um Studien zu beauftragen. Geld sei genug da, also warum nicht ausgeben? Doch auch die Studienvorschläge fanden nicht seine nährende Zustimmung und genauere Aussagen darüber, was auch in diesem Punkt konkret von mir erwartet würde, waren ihm nicht zu entlocken. So saß ich schließlich mehrere Wochen tatenlos in meiner Arbeitsbox herum und nutzte die Zeit zumindest, um mich weiter über den Zustand meines Gastgeberlandes und die nächsten notwendigen Entwicklungsschritte auf dem Weg zu einem nachhaltigen Energiemix zu informieren. Zudem verwendete ich die so unfreiwillig frei gewordene Zeit, um mich um mein Domizil vor Ort zu kümmern, das nicht das gehalten hatte, was mir im Vorfeld versprochen worden war.

Angedacht war, dass ich nach meiner Ankunft im Gastgeberland zunächst für eine Woche in ein gutes Hotel gebracht werden würde, bevor meine Wohnung bezugsfertig sei. Das Hotel war sehr gut und kostete auch entsprechend, was brav von meinem Honorar abgezogen wurde. Die Kosten bezahlte ich beim zuständigen BLOED-Büro. Etwas später erfuhr ich, dass dieses mit dem Hotel einen Deal hatte und für das Hotelzimmer, in dem ich wohnte, nur die Hälfte des Betrages zahlte, den es regelmäßig von mir einforderte. Was wohl mit dem Rest des Geldes passiert ist?

Auch die Wohnung, in der ich noch nicht wohnte, wurde mir bereits berechnet. Dieser Zustand hielt, mit zahlreichen Vertröstungen seitens des ortsansässigen BLOED-

Büros, sechs Wochen an, bis es mir zu bunt wurde, permanent aus Koffern zu leben. Also trat ich selbst in Aktion und stattete meiner Wohnung in spe mal eigenmächtig einen Besuch ab. Das war eine gute Idee, denn dort hatte man sich darauf konzentriert, die Nachbarwohnung meines angedachten Domizils zu renovieren. Von meinem Begehr wusste man nichts. Der Widder in mir witterte Widrigkeiten und wetterte wild drauf los. Doch ich beherrschte mich, fand Lösungen, organisierte fleißig und konnte nur drei Tage später einziehen. Mein neues Domizil stellte sich übrigens als Haus mit 200 Quadratmetern Wohnfläche heraus. Ich habe noch nie so viel Platz zum Wohnen gehabt und empfand das als ausgleichende Gerechtigkeit für den Schuhkarton, in dem ich täglich meine Arbeit verrichtete.

Unverhältnismäßig teuer war es trotzdem und so meldete sich schnell mein schlechtes Gewissen. Da ich nicht nur ein pflichtbewusster, sondern auch ein sparsamer deutscher Berater war, fragte ich nach einigen Tagen beim BLOED-Büro, das für meine Belange vor Ort verantwortlich war, ob es mein Herrenhaus auch in klein gab. Schließlich nutzte ich nur 3 der 6 Räume und hätte mich daher mit einem kleineren Domizil für eine schmalere Monatsmiete zufriedengegeben. Die Antwort war ernüchternd: Dies sei aus verwaltungstechnischen Gründen nicht möglich. Mehr war den Damen und Herren nicht zu entlocken und der verschlagene Teil in mir spekulierte, wie groß wohl der Anteil meiner Miete sei, der monatlich dort unwiederbringlich in dunklen Kanälen verschwand. Die schwäbische Hausfrau in mir mochte mit dem Widder im Akkord meckern, es half nichts. Also machte ich die Not zur Tugend, besorgte alles, was fehlte, richtete mich kuschelig ein und genoss mein luxuriöses Privatleben im luxuriösen Land. Auf dem Fernseher liefen englischsprachige Kanäle, die Klimaanlage schnurrte wie ein kühles Kätzchen und im Außenbereich der Anlage lud ein Pool dazu ein, den Tag angenehm ausklingen zu lassen. Die Wohngegend war zudem hermetisch abgeriegelt und von Wachpersonal mit automatischen Waffen umstellt, sodass sichergestellt war, dass die feisten Bewohner nicht von einem verirrten Sklaven mit schmutzigen Händen aus ihrem Müßiggang geweckt wurden.

Nachdem ich eingerichtet war, war es an der Zeit, sich einen fahrbaren Untersatz zuzulegen. Die 20 Kilometer Distanz zwischen Herrenhaus und Schuhkarton hätte ich mit dem Fahrrad zurücklegen können, doch ich hing für solch ein verwegenes Vorhaben zu sehr am Leben. Sie werden nun sicher fragen, wie dies zu verstehen sei. Ganz einfach: Mein Gastgeberland saß an der Quelle des Reichtums des vergangenen Jahrhunderts. Da Aladdins Wunderlampe Öl in Massen ausspuckte, war an Sparsamkeit im Verbrauch nicht zu denken – ein wahres Paradies für einen Projektleiter, der alternativen Energien Vorschub leisten will. Um es kurz zu machen: Man hatte es einfach nicht nötig, sparsam zu sein. Wohin man auch blickte, die Technik war völlig veraltet und schluckte Strom ohne Ende. Die Fenster waren dünn und ließen großzügig Wärme ins Innere der Räume, die dann mit dicken, im Dauerbetrieb laufenden Klimaanlagen wieder nach draußen befördert werden musste. Und in puncto Mobilität – hier schließt sich der Kreis – war man einfach ans Fahren gewöhnt. Wenn der Weg zum nächsten Laden nur 100 Meter betrug, so nahm man das Auto. Die Straßen waren gut eingerichtet, doch es gab keinen Bus weit und breit. Auch an Fuß- oder gar Fahrradwege war nicht zu denken. Wer Fahrrad fahren wollte, musste dies auf der Straße tun. Das war praktisch Selbstmord, denn hier galt das Recht des Stärkeren und als Fahrradfahrer zog man im Vergleich zu den allgegenwärtigen dicken Spritschluckern mit mehreren hundert PS grundsätzlich den Kürzeren.

Zu der für alternative Fortbewegung abträglichen Verkehrsinfrastruktur kamen die geradezu rowdyhaften Fahrgewohnheiten der Landesherren. Hier war es ungeschriebenes Gesetz, dass der mit dem größten Auto Vorfahrt hatte. Die Verkehrsschilder dienten der groben Orientierung, was jedoch nur für Besitzer kleinerer Autos galt. Passierte unter diesen Umständen ein Unfall, so entschied die Höhe des gesellschaftlichen Ansehens darüber, wer dessen Verursacher war. Ein geringer Stand war daher gleichbedeutend mit Schuld, auch wenn der Unfallhergang klar auf das Gegenteil schließen ließ. War man zu allem Übel noch als Ausländer in einen Unfall verwickelt, war man grundsätzlich schuldig und wurde zu hohen Strafen verdonnert.

Sie können sich vorstellen, dass unter diesen Umständen Unfälle sehr häufig vorkamen. Vor allem wenn reiche Söhnchen ohne jede Fahrpraxis mit Papis Hochleistungsschlitten über die Straßen donnerten und sich Rennen lieferten, gab es regelmäßig Todesfälle. Dabei ließen nicht nur besagte Söhnchen ihr Leben, sondern auch die armen Schlucker, die diesen ungewollt im Wege waren.

Um es kurz zu machen: Wollte ich meinen Schuhkarton morgens lebendig erreichen und abends ebenso lebendig im Herrenhaus ankommen, musste ein Auto mit einer großzügigen Knautschzone her. Wie ich dieses beschaffte und schließlich auch wieder loswurde, ist Stoff für ein ganzes Buch und sprengt den Rahmen der vorliegenden Erzählung. Nur so viel: Das BLOED-Büro vor Ort war auch hier stets mit Rat und Tat zur Stelle. Man erriet, wie man sich in dieser Sache auf meine Kosten bereichern konnte, und tat alles, um diese Bereicherung so großzügig wie möglich zu gestalten. Dafür erfand man zahlreiche Hürden, bei deren Überwindung man mich gegen einen geringen Obolus bereitwillig unterstützte, ohne jemals etwas zu erreichen. Wollte ich ein Auto haben und es schließlich auch wieder loswerden, war ich auf mich allein gestellt und hatte zudem die stets hilfsbereiten BLOED-Bürokraten zufriedenzustellen, die wie dicke Zecken an meinem Geldbeutel hingen.

Als Expat – so wurden die ausländischen Experten hier genannt – war ich ein geduldeter Störfaktor im gut geölten System. Geduldet heißt, dass ich allein nicht geschäftsfähig war, sondern immer einen zugelassenen Vertreter mit der Staatsangehörigkeit meines Gastgeberlandes benötigte, um auch die simpelsten Geschäfte abwickeln zu können. Alles, was über das Kaufen der täglich benötigten und gegen Bargeld zu zahlenden Alltagsgüter hinausging, lag außerhalb der mir zugestandenen Kompetenzen und erforderte die wohlwollende Einflussnahme eines besagten Gönners. Dreimal dürfen Sie raten, wer in meinem Fall jener Gönner war! Richtig, das BLOED-Büro vor Ort. Man kommunizierte mir hier schnell, dass ich auf Gedeih und Verderb von diesen netten Damen und Herren abhängig sei – und man ließ sich diese Abhängigkeit natürlich angemessen entlohnen. So wurde mir für alles Mögliche wie

Hotelzimmer, Auto, Versicherung usw. deutlich mehr abgenommen, als es faktisch wert war. Zudem zahlte ich für die Gutmütigkeit des entsprechenden Sachbearbeiters den einen oder anderen Obolus. Bei all dem Ärger musste ich doch die Bauernschläue hinter diesem perfiden System erkennen, die es dem BLOED-Büro ermöglichte, gleich doppelt zu kassieren – zum einen vom Auftraggeber vor Ort, dem Ministerium, dessen Projekt man hingebungsvoll umsetzte, zum anderen vom Experten, dem man ebenso hingebungsvoll Unterstützung zuteilwerden ließ. Dennoch genoss man mein Vertrauen recht lang, bis mich einer meiner Kollegen, der hier zuvor einmal im Einsatz gewesen war, darauf hinwies, dass ich mir hier gegen ein vergleichsweise geringes Entgelt die Unterstützung eines ortsansässigen Agenten einkaufen könne. Dieser würde dann meine Interessen hier ordentlich vertreten und meine Abhängigkeit minimieren sowie die daraus resultierende Selbstbereicherung gewisser Personen unterbinden. Ich bin ihm noch heute dankbar für diesen Hinweis, der wohl mehrere Millionen meiner sensiblen Nervenzellen vor dem sicheren wutbedingten Dahinscheiden bewahrt hat.

Im Büro hatte sich bereits nach wenigen Wochen herumgesprochen, dass es zwischen Saruman und mir gewisse Differenzen gab. Umso mehr freute ich mich darüber, dass mein recht inhaltsarmer Arbeitsalltag eines Tages dadurch unterbrochen wurde, dass ich den Herrn Deputy Minister kennenlernte. Auch er war nicht der eigentliche Minister, doch stand er über Saruman und war somit mein Ticket aus der Lethargie.

Der Deputy Minister erwies sich als sehr freundlicher Herr mit Manieren und ausgezeichnetem Englisch. Stolz verkündete er im lockeren Gespräch mit mir, bereits vor zwanzig Jahren seinen PhD, also einen Doktortitel, mit einer herausragenden Thesis über erneuerbare Energien in einem reichen arabischen Land erworben zu haben. Ich freute mich, in ihm jemanden vor mir zu haben, mit dem ich mich auf Augenhöhe über mein Fachthema austauschen konnte. Auch er hatte schon von der wenig zielführenden Zusammenarbeit zwischen Saruman und mir gehört und sicherte mir seine volle Unterstützung zu, wenn ich mich weiterhin in dieser oder in jedweder anderen Sache mit Problemen konfrontiert sähe.

Das klang sehr hübsch, doch gab es nach diesem netten Gespräch keine spürbaren Veränderungen. Mein Arbeitsalltag tröpfelte tatenarm dahin, mein Verhältnis zu Saruman wurde immer belastender und die erhoffte Umsetzung meiner Ideen und Konzepte blieb aus. Zudem war der Deputy Minister praktisch nie vor Ort und ein erneuter Termin mit ihm daher bestenfalls Glückssache. Nach einer gefühlten Ewigkeit hatte ich dann doch Glück und stand erneut vor ihm. Ich fragte ihn frei heraus, wer nun mein Chef sei, damit ich meine Pflichten ordnen könne, um effektiver zu arbeiten. Prompt bestellte der Deputy Minister Saruman zu sich ins Büro und stellte klar, dass er hier der Chef sei, nicht Saruman. Ich sei dem Deputy Minister direkt unterstellt und würde meine Weisungen ab sofort von ihm empfangen. Saruman nickte untertänig, sah mich dabei nicht an und verschwand, wortlos und so schnell ihn seine Beinchen tragen konnten, bei der ersten Gelegenheit aus dem Raum. Das Rot seiner Gesichtsfarbe bildete einen hübschen Kontrast zum Weiß seiner Robe – nein, ich habe diesen Moment nicht genossen!

Besserung war in Sicht und sie stellte sich auch unverzüglich ein. Saruman ließ mich seither in Ruhe, was mir meine Nerven schnell dankten. Die versprochenen Weisungen blieben jedoch aus und es gab für mich auch niemanden mehr, vor dem ich meine Arbeit hätte präsentieren können. So war für mich praktisch niemand mehr zuständig und ich war, so erschien es mir, bis zum Ende meines hiesigen Aufenthalts dazu verurteilt, einfach nichts zu tun. Einen Macher – als einen solchen sehe ich mich – zum Nichtstun zu verdonnern, ist die schlimmste Strafe von allen. Ich gestehe es nur ungern, aber nach einer endlos erscheinenden Periode der Untätigkeit begann ich, die Konflikte mit Saruman zu vermissen. Sie hatten mir zwar regelmäßig die Galle hochkommen lassen, doch hatten sie zumindest eine Abwechslung in meinem Tagesablauf dargestellt, die nun weggefallen war. Der Deputy Minister glänzte seither mit besonders ausgiebiger Abwesenheit und so musste ich mir etwas einfallen lassen, wenn ich an meinem Arbeitsplatz nicht völlig versumpfen wollte.

Wer keine Aufgaben hat, erfindet welche. An diesem Erfindungsreichtum hat es mir noch nie gemangelt. Ich widmete mich zunächst der Verbesserung meiner Arabischkenntnisse und nahm mir zudem die Zeit, die Doktorarbeit meines aktuellen Vorgesetzten eingehend zu studieren. Sie hatte die Qualität einer mittelmäßigen Diplomarbeit und bot auch entsprechende Einsichten. Viele meiner Kollegen in den Schuhkartons hätten bessere Arbeiten erstellt, doch es mangelte ihnen wohl an hoher Abstammung. Zumindest konnte ich vom Deputy Minister eine gewisse Offenheit für das Thema erneuerbare Energien erwarten. In meinem Beruf lernt man, mit wenig zufrieden zu sein.

Eine weitere Maßnahme von mir, um mit meiner Situation zurechtzukommen, bestand darin, meine Ideen und Konzepte, an denen ich natürlich weiter arbeitete, an meine Kollegen in den Schuhkartons weiterzugeben. Diese nahmen sie auf, verstanden und ergänzten sie und es freute mich sehr, dass über diesen Umweg auch das eine oder andere Projekt umgesetzt wurde.

Nach einer gewissen Zeit stellte sich ohne jedes Zutun meinerseits dann doch noch eine positive Veränderung ein: Ich wurde zu Konferenzen und international besetzten Events eingeladen. Diese waren eine wunderbare Unterbrechung meines Arbeitsalltags und ich genoss es jedes Mal, hier auf Menschen aus meinem Gastgeberland zu treffen, die genau wussten, was in puncto Zukunftsfähigkeit der Energieversorgung ihres Landes benötigt wurde. Das baute mich immer wieder ungeheuer auf und gab mir Ziel, Richtung und die Überzeugung, dass meine Arbeit doch noch etwas Gutes zeitigen möge.

Was mir dabei immer wieder auffiel, war, dass die besten Fachleute eher der älteren Generation angehörten und gut 20 Jahre mehr auf dem Buckel hatten als ich. Ein Gespräch mit einem älteren Herrn war besonders prägend für mich und so möchte ich seine sinngemäß übersetzten Ausführungen an dieser Stelle ungefiltert wiedergeben: „Wenn wir so weitermachen wie bisher, dann sind wir in spätestens zwanzig Jahren wieder zurück in der Wüste. Die heutige Generation hat nie das Arbeiten und das Händeschmutzigmachen gelernt. Sie studiert auf Kosten des

Landes im Ausland, kommt mit einem Doktortitel zurück und ist Boss – ohne jede praktische Erfahrung und ohne den Anspruch, wirklich etwas umzusetzen. Daher haben wir hier auch so viele Ausländer, die die Arbeit machen, die wir nicht beherrschen. Wenn das Öl versiegt, wandern die Reichen ins Ausland aus. Ihre Villen stehen ja schon da. Die Ausländer verschwinden dann ebenfalls und bevor wir uns versehen, sind wir wieder ein Entwicklungsland und treiben Kamele durch die Wüste."

Für mich kam diese Analyse damals noch zu früh, denn nach rund 3 Monaten vor Ort hätte ich mir noch kein derart hartes Urteil erlaubt. Nach meinem Aufenthalt kann ich sagen, dass sehr viel Wahrheit in diesen Worten steckt. Das Beharren auf dem Ölexport als einzigen Wirtschaftsfaktor wird dieses Land in absehbarer Zeit teuer zu stehen kommen. Wirklich sinnvolle Alternativen sind bis heute nicht zu erkennen und so schlittert eines der reichsten Länder der Erde mit vielen Goldklunkern behangen geradewegs in die Bedeutungslosigkeit. Etwas Gutes hat es vielleicht doch: Ohne Öl ist dieses Land vor den Ressourcenkriegen der Gegenwart und nahen Zukunft gefeit. Nur

Wasser gibt es im Wüstenreich auch nicht viel. Wie ich in Erfahrung bringen konnte, war die Einladung zu den Konferenzen dem positiven Einfluss des Deputy Ministers geschuldet, der hinter den Kulissen offensichtlich einige Fäden gezogen hatte. Sie fanden insgesamt aber recht selten statt, sodass sie meinen langweiligen Alltag unterbrachen, jedoch nicht ersetzten.

Eine weitere höchst angenehme und ebenso unerwartete Unterbrechung stellte sich gegen Ende meines Aufenthalts ein. Ich wurde tatsächlich zu einer Audienz mit einem Prinzen geladen, der zugleich Minister für Öl in meinem an ebendiesem Saft reichen Gastgeberland war. Anders als ich zunächst erwartet hatte, war der Deputy Minister, mein stiller Verbündeter, dafür nicht verantwortlich. Die Initiative für dieses Treffen ging vielmehr vom deutschen Botschafter aus, denn als Expat war ich in der deutschen Botschaft natürlich registriert.

Der Grund für diese Audienz erschloss sich mir zunächst nicht. Ich fuhr also am vereinbarten Termin zum vereinbarten Ort. Mein sehr gut gefüllter Kalender, den mein Schuhkartondasein so mit sich brachte, ließ dies zum

Glück zu. Meine Güte, war ich nervös! Ich sollte tatsächlich einen der rund 500 Prinzen des Landes treffen – was für eine Ehre! Dort wurde ich zunächst vom deutschen Botschafter in Empfang genommen, der mir auch gleich den Grund für die Einladung darlegte: Der Prinz wünschte Input eines deutschen Experten in Energiefragen und ich wurde ihm daher von der Botschaft als jener Experte vorgeschlagen, der auf die Fragen seiner Hochwohlgeburt durchaus intelligente Antworten zu geben imstande sei. Nach einem kurzen Gespräch mit dem deutschen Botschafter wurden wir gemeinsam vom Assistenten des Prinzen in Empfang genommen, der mir kurz die wichtigsten Verhaltensregeln erklärte. Dazu gehörte, dass ich mit dem Prinzen erst sprechen dürfe, wenn dieser mich ansprach, und dann die Anrede ‚Your Royal Highness' zu verwenden habe.

Ich erwartete ein entsprechend steifes und in Formalitäten erstarrtes Gespräch, doch das eigentliche Treffen war tatsächlich sehr ungezwungen. Wir wurden vom Prinzen im Besprechungssaal sehr freundlich begrüßt und der Umgang war insgesamt auf Augenhöhe und nicht, wie befürchtet, von oben herab. Es entspann sich ein sehr nettes und offenes Gespräch, bei dem es nur sehr am Rande um meine eigentliche Arbeit vor Ort ging. Der Botschafter hielt sich während des Gesprächs dezent im Hintergrund. Ich versuchte natürlich auch das Thema ‚alternative Energien' als wichtigen Baustein im Veränderungsprozess seines Landes zu platzieren, doch stieß ich damit beim Prinzen auf kein wirkliches Interesse. Mir wurde schnell klar, dass er ein Fachmann auf seinem Gebiet war und meine Ausführungen sofort verstand. Er gab mir jedoch unmissverständlich zu verstehen, dass, solange noch reichlich kostenloses Öl aus dem Boden seines Landes sprudele, sein Interesse an einem grundlegenden Umbau der hiesigen Energieversorgung eher begrenzt sei.

Auf großes Interesse seinerseits stieß ich jedoch mit meinen Gedanken dazu, wie die Energieeffizienz deutlich erhöht und daher weniger des kostbaren Safts verbraucht werden könne. Ich sprach die zahlreichen Malls an, die mit völlig veralteten und ineffizienten Klimaanlagen auf gefühlte Wintertemperatur heruntergekühlt wurden. Ich sprach auch die Ölkraftwerke an, die mehr Wärme als Strom produzierten und deren Modernisierung Einsparpotentiale bot, bei denen gleich gewaltige Zahlen im Raum standen.

Leider war der Zeitrahmen für das Treffen recht begrenzt und daher endete es so schnell, wie es begonnen hatte. Der Assistent verwies darauf, dass der Prinz noch einen Anschlusstermin habe und der Botschafter daher auch noch zu Wort kommen solle. Während sich beide unterhielten, schweifte mein Blick durch den Raum und blieb unwillkürlich an der HiFi-Anlage hängen. Ich muss zugeben, ich war recht verdutzt, als ich dort eine CD mit bayerischer Marschmusik liegen sah. Ich begann zu schmunzeln. Der Prinz bemerkte meinen amüsierten Blick, sprach mich nun seinerseits an und ersparte mir dadurch die Unhöflichkeit, sein Gespräch mit dem Botschafter zu unterbrechen. Zum Abschluss des Meetings sprachen wir also über deutsche Marschmusik und der Prinz outete sich als echter Fan. Das gestaltete das Gespräch noch einmal deutlich persönlicher als zuvor. Wir tauschten zum Abschluss Höflichkeiten aus und ich versprach dem Prinzen beim Abschied, ihm von meinem Heimaturlaub solch eine CD mitzubringen. Das tat ich auch und ließ sie ihm durch seinen Assistenten überbringen. Die Antwort, wie sie ihm gefallen hat, ist er mir jedoch bis heute schuldig geblieben. Und ich hatte mich im Gegenzug schon auf eine kuschelige Yacht gefreut, die meinen Namen trägt. Ich hätte mich auch mit einem kleinen Sportwagen zufrieden gegeben, schließlich ist es nie zu spät, sich in Bescheidenheit und Demut zu üben.

Zu einem weiteren Treffen mit dem Prinzen kam es leider nicht. Zumindest konnte ich meinen zahlreichen anderen Schuhkartonisten wortreich vorschwärmen, dass ich einen echten Prinzen getroffen hatte. Mein Mythos als wichtiger deutscher Experte schien kurzzeitig wiederhergestellt, doch er verblasste im trögen Alltag meines ziellosen Beraterdaseins sehr schnell.

Die letzte Auflockerung meines trist gefristeten Daseins im Gastgeberland stellte sich wenige Tage vor meiner Abreise ein. Ich wurde vom Deputy Minister, meinem stillen Freund und Helfer, auf die Eröffnung eines neuen Showrooms hingewiesen. Dieser sollte die Zukunft der

Stromerzeugung vorstellen und die Öffentlichkeit darüber aufklären, was die erneuerbaren Energien sind, was Energieeffizienz bedeutet und wie einfach jeder einzelne Strom sparen könne. Die praktische Umsetzung dieses hehren Ziels war ... amüsant. Besser konnte man keine Negativbeispiele präsentieren, denn ein Modellbeispiel in Sachen Energieverschwendung jagte das nächste: Die Klimaanlage, ein gewohnt altes Modell, lief auf Hochtouren. Die einfachverglasten Fenster waren zu allem Überfluss unverspiegelt und zogen Sonnenstrahlen förmlich an, statt sie abzuhalten. Die Glühlampen produzierten mehr Wärme als Licht und die vorgestellten Technologien für die Erzeugung von Solar- und Windenergie erinnerten an die Systeme, die ganz zu Beginn der Produktion erneuerbarer Energien in Deutschland aufgekommen waren. Kopfschüttelnd verließ ich den Showroom, wünschte meinem Gastgeberland eine blendende Zukunft und bereitete mich auf meine Abreise vor. Zu diesen Vorbereitungen gehörte auch die obligatorische Einladung ins örtliche BLOED-Büro. Dort war der abschließende Papierkram für meine Rückkehr zu erledigen und man präsentierte mir natürlich noch zahlreiche Rechnungen, die ganz plötzlich und vollkommen unerwartet entstanden sind, dabei aber völlig normal seien und deren Nichtbegleichung meinen Aufenthalt hier ungewollter Weise verlängern würden. Besser kann ich Erpressung nicht umschreiben. Ich verzog die Augenbrauen, beäugte mein hilfsbereites und pflichtbewusstes Gegenüber, genoss kurz die unangenehme Stille und zahlte dann brav die fälligen Beträge. Ohne diese abschließende Geste der Wertschätzung hätte mir, ehrlich gesagt, glatt etwas gefehlt.

Alles Schöne und auch alles weniger Schöne endet irgendwann. Das galt auch für meinen Aufenthalt im reichen arabischen Land. So bescheiden wie meine Erwartungen am Anfang war auch mein Abschied. Ich hatte eine Blaskapelle erwartet, die bayerische Marschmusik spielt, während ich von den Granden des Landes mit fortwährenden Ehrenbezeigungen zur Limousine begleitet würde, die mich zum Flughafen bringen sollte. Am Ende hatte sich niemand wirklich für das Ende meines Einsatzes interessiert. Der Abschied von Saruman war kurz und kühl. Auch er hatte zu seiner Schande keinen Goldbarren als Wiedergutmachung dabei. Herzlicher war der Abschied von einigen Schuhkartonisten, doch auch diese zogen sich nach dem Adé schnell wieder in ihre Arbeitskäfige zurück und taten brav weiter ihren Dienst fürs Vaterland. Letztlich fuhr ich selbst mit einem Leihwagen zum Flughafen, trug mein Gepäck wie jeder andere, der keine Ölquelle sein eigen nennen konnte, und bestieg leicht enttäuscht das Flugzeug, das mich nach Hause in die nun ganz offizielle Arbeitslosigkeit bringen sollte.

Erst nach meiner Rückkehr konnte ich in Erfahrung bringen, welchen Sinn mein Aufenthalt im reichen arabischen Gastgeberland nun eigentlich hatte. Dieses, so berichtete mir der Projektverantwortliche beim Debriefing-Gespräch, hatte sich in den Medien weit aus dem Fenster gelehnt und stolz verkündet, dass es bei der Implementierung von erneuerbaren Energien in der unmittelbaren Zukunft große Fortschritte zu machen gedenke. Leider ist seit dieser Aussage nichts Substantielles passiert. Um das eigene Gesicht zu wahren, wurden nun tolle ausländische Experten eingeladen, mit denen man prahlen konnte.

Schließlich waren sie doch der beste Beweis für das große Engagement der Regierung.

Um es kurz zu machen: Mein Aufenthalt war reine Kosmetik gewesen. Es fühlt sich nicht gut an, Kosmetik zu sein. Um mir den Umgang damit so angenehm wie möglich zu machen, entschied ich mich, ein Lippenstift zu sein. Und wenn er nicht gestorben ist, koloriert er noch heute ...

PS: Da diese Episode schon einige Jahre zurückliegt, möchte ich darauf hinweisen, dass erneuerbare Energien in dem von mir damals betreuten Land nun einen Platz an der Sonne erkämpft haben. Und da ein reiches arabisches Land wie dieses nur in Superlativen denkt, wurde natürlich gleich die weltgrößte Photovoltaik-Anlage mit ganzen 3.0 Gigawatt Leistung geplant. Es kann ja nicht sein, dass man der bisher größten Anlage, die zurzeit in Indien steht und mit einer Leistung von 2,5 Gigawatt zu Buche schlägt, irgendwie nachsteht. Soweit der Plan. Ob er jemals umgesetzt wird, steht in den Sternen. Hoffen wir, dass es sich auch hierbei nicht nur um PR handelt!

II - Von Gi(e)raffen

Nach meinem Einsatz im reichen arabischen Land saß ich
zunächst eine Zeit lang arbeitslos zu Hause herum und
wusste nur wenig mit mir anzufangen. Alternative haben
es schwer, Fachleute für alternative Energien erst recht.
Zudem bin ich Kind meiner Zeit und ziehe den Sinn meines
Lebens vor allem aus dem, was ich tue und umsetze – mir
ist das Problem bewusst und ich arbeite daran.

In dieser für mich belastenden Situation kam schließlich der Anruf, der meinen unfreiwilligen Müßiggang beenden und ein neues Abenteuer anstoßen sollte. Er stammte erneut aus dem BLOED-Büro. Zunächst wurde ich überschwänglich für meine tolle Arbeit und die noch viel tolleren Ergebnisse meines zuvor abgeschlossenen Projekts im reichen arabischen Land gelobt. Zudem habe ich mir im Umgang mit Menschen aus anderen Ländern erstklassige interkulturelle Erfahrungen erworben und sei der richtige Mann für den Job. Mir wurde so viel Honig ums Maul geschmiert, dass der Widder in mir aufstand, die Hörner wiegte und unruhig mit den Hufen zu stampfen begann. Das Angebot klang jedoch sehr interessant. Ziel meines Einsatzes sollte es sein, das Projekt eines Kollegen zu übernehmen, der im heldenhaften Einsatz für die Wohlfahrt anderer Völker von einer trächtigen Giraffe gebissen worden war. Er müsse sich nun eine Zeit lang von den Strapazen der Savanne, der stressigen Arbeit und den Tücken der dortigen Fauna erholen. Währenddessen solle ich sein Projekt für zwei Monate übernehmen und weiterführen, bis er wieder bei Kräften ist, um sich den widrigen Umständen vor Ort mit frischer Kraft stellen zu können. Froh, wieder einen Lebensinhalt zu haben und ein Einkommen generieren zu können, willigte ich in das Interimsprojekt ein. Die Bezahlung würde geringer ausfallen als zuvor, aber man wird ja mit zunehmendem Alter bescheidener. Da ich keine Zeit für Vorbereitungen hatte, packte ich meinen Koffer und startete sogleich in mein neues Abenteuer.

Im Flugzeug sitzend sann ich den Aufgaben nach, die mich am neuen Einsatzort erwarten würden. Beim Überdenken von zuvor getroffenen Entscheidungen kollidieren in den Köpfen der meisten Menschen oft die eigenen Erwartungen mit der Realität. Man nennt dies ‚Erdung'. Da eine Erdung im Flugzeug ohnehin nicht möglich ist, setzten meine Gedanken geradezu zu Höhenflügen an und kreisten noch deutlich über dem Verkehrsmittel, in dem ich mich befand. Ich freute mich über meine Entscheidung, freute mich auf die neue Herausforderung und ich freute mich auf die neuen Erfahrungen und die Menschen, die mich am Ziel erwarten würden. Mit viel Enthusiasmus und hohen Erwartungen ging es also ab in eine neue Welt. Ich landete in einem armen zentralafrikanischen Land. Müde stieg ich aus dem Flugzeug und wurde an der Gepäckkontrolle erst einmal ordentlich gefilzt. Mein Koffer wurde bis auf die letzte Schraube zerlegt, wohl um zu verhindern, dass ich das Projekt meines Kollegen inmitten der Savanne sprengen könne. Nennen wir es eine zeitlich verzögerte, dafür aber umso gründlichere Erdung. Jedenfalls ließen sich die Kontrolleure viel Zeit und ich war noch deutlich müder, als ich das Flughafengebäude endlich als zertifiziert explosionssicherer Neuankömmling verlassen durfte.

Draußen traf ich sogleich auf Dada ya Jua, kurz Dada. Dada war ein wandelnder, lächelnder Sonnenschein. Er war so eine Frohnatur, dass selbst im schlimmsten Regenschauer die Tropfen nur so an ihm abprallen würden. Dada stellte sich als mein Assistent vor, lächelte mich dabei an und mein Tag war gerettet.

Gemeinsam fuhren wir über steinige, holprige Pisten zum Einsatzort. Die Fahrt dauerte drei Stunden, doch Dada verstand es, meine Müdigkeit durch einen fröhlichen Monolog zu vertreiben. Er freute sich ehrlich und ganz offensichtlich darüber, dass ich den Weg in diese Region gefunden hatte, und klärte mich umfassend über den aktuellen Stand des Projekts auf. Ich war hoch erfreut zu sehen, dass er sich damit wirklich ausgezeichnet auskannte. Der Projektgedanke war gängig im Entwicklungshilfe-Kontext und ist in dieser Form schon tausendfach auf der Welt praktiziert worden. Es ging darum, in der Trockenheit der Savanne eine solarbetriebene Brunnenanlage zu bauen, um den dort lebenden Menschen eine dauerhafte Lebensgrundlage in Form von sauberem Trinkwasser zu gewährleisten. Bei so viel Standard kann nichts schiefgehen, dachte ich. Das Leben bewies mir, dass ich mit dieser Annahme Unrecht haben würde, doch dazu später mehr. Jedenfalls war das Projekt für ein Jahr angesetzt, lief bereits seit 7 Monaten und hatte ein Projektbudget von etwas mehr als einer Million Euro.

Dada berichtete mir zudem freudestrahlend, dass das für mich vorgesehene Apartment frisch eingerichtet sei und unsere Ankunft erwarte. Der Strom sei ab und zu wieder da, der Kühlschrank sei repariert und WLAN stehe zur Verfügung. Ich konnte mein Glück kaum fassen und die naive Freude aus dem Flugzeug stieg erneut in mir auf. Ich könnte ohne große Anstrengungen die Welt retten, dabei in einem schönen Apartment wohnen und von sonnigen Gemütern wie Dada umgeben sein. ‚Eine gute Entscheidung!‘, dachte ich damals, und ich denke noch heute so.

Es wird Sie überraschen, aber – ohne vorgreifen zu wollen – genau so kam es auch! Die wirklichen Probleme begannen erst nach meiner Abreise und ohne mein Zutun. Doch eines nach dem anderen.

Dada und ich erreichten nach 3 Stunden holperiger Fahrt nun endlich mein neues Domizil. Es war noch viel schöner, als ich es mir ausgemalt hatte: ein schnuckeliges kleines Haus mit großer Veranda. Es stand malerisch in einem mit viel Grün bewachsenem Areal. Innen war es kuschelig eingerichtet und lud meine müden Glieder geradezu zum Verweilen ein.

Ich verabschiedete mich also voller Dankbarkeit und Freude im Herzen von Dada, setzte meinen Koffer ab und ließ mich müde auf einem der gemütlichen Stühle nieder. Da ich Durst hatte, trabte ich zum Kühlschrank und freute mich erneut: Zur Willkommenskultur gehörte es hier auch, mir ein paar Flaschen Bier darin zu deponieren, damit ich mich schnell zu Hause fühlen konnte und sogar einige Tage damit hinkommen würde.

Gerade, als ich das liebevolle Zischen vernahm, das ein kaltes Bier von sich gibt, wenn sich dessen Deckel vom Hals trennt, klopfte jemand an die Tür. Davor stand Dada, wie zu erwarten mit einem breiten Lächeln auf dem Gesicht. Er sah so fröhlich aus – hätte er im Kreis lächeln können, er hätte es hinbekommen. Er war jedoch nicht allein, sondern hatte etwa ein Dutzend ähnlich strahlender Menschen im Schlepptau. Auch sie freuten sich riesig und waren gekommen, um mich kennenzulernen.

Ich begrüßte alle freundlich, schüttelte Hände und versteckte lachend meine leichte Enttäuschung darüber, dass ich durch diesen geballten Ausdruck von Willkommenskultur wieder nicht zur verdienten Ruhe kam. Aber sei es drum. Alle redeten in den verschiedensten Sprachen auf mich ein. Englisch und Französisch konnte ich ausmachen, sogar ein paar Brocken Deutsch waren darunter. Zwei bis drei weitere Sprachen waren mir fremd.

Kurzum, die Stimmung war sehr herzlich und so konnte ich auch nicht ablehnen, als der Vorschlag kam, man möge gemeinsam zum Standort des Brunnens gehen, um den Fortschritt des Projekts zu begutachten. Also brachen wir auf und marschierten gefühlte zehn Kilometer durch die sengende Hitze. Ich verbrannte mir die Platte und war nach wenigen Schritten bereits schweißnass. Unterwegs hatte ich mir immer wieder meinen Hut herbeigewünscht und war heilfroh, als wir nach zwei tatsächlichen Kilometern Marsch durch unwegsames Gelände schließlich am Projektstandort ankamen.

Dort bot sich mir folgendes Bild: Ein umzäuntes Gelände von überschaubarer Größe, inmitten dessen eine kleine Lehmhütte stand. Diese war bis unters Dach angefüllt mit zahlreichen Kisten und Rohren sowie mit Stahl- und Elektronikbauteilen und allerlei anderem technischen Material. Der Zaun, so wurde mir später erzählt, diente dazu, die wilden Tiere fernzuhalten. Neben der Hütte befand sich ein sehr tiefes Loch von etwa zwei Metern Durchmesser, dessen Grund ich nicht sehen konnte.

Mehr war da nicht. Das war das Ergebnis von sieben Monaten deutscher Gründlichkeit! Ich traute meinen Augen nicht und versuchte meine Verwunderung darüber so gut wie möglich zu verstecken.

Stellen Sie sich die Situation vor: Eine kleine Gruppe vergnügter Menschen — die Freude war auch hier überschwänglich — steht mitten in der sengenden Hitze plaudernd neben einer erbarmungswürdigen Lehmhütte und starrt lächelnd in ein olles Loch, das das Ergebnis von sieben Monaten Arbeit war. Der Versuch, etwas von der Solaranlage aufzubauen, war noch nicht einmal unternommen worden. Der Widder in mir brüllte: „Was zum Teufel hat der andere denn die ganze Zeit gemacht?" Zu allem Überfluss wurde ich dann noch gefragt, was ich vom bisherigen Fortschritt der Arbeiten halten würde. Ich versuchte zu lächeln, so gut es ging. Ich wollte es mir nicht gleich am ersten Tag mit all diesen freundlichen Menschen verscherzen und so presste ich mir mühevoll, aber in schauspielerischer Perfektion ein Lob heraus. Ich sagte also zum gespannt lauschenden Publikum, dass man auf das bisher Erreichte verdammt stolz sein könne und dass ich mich freue, das Projekt an diesem Punkt zu übernehmen. Das schien die richtige Antwort gewesen zu sein, denn danach löste sich die Gruppe nach und nach auf und die meisten meiner Begleiter trabten lächelnd von dannen. Erst später habe ich erfahren, dass man in diesem Augenblick gehofft hatte einen etwas engagierteren Deutschen hier zu haben, der die Ärmel hochkrempelt und endlich etwas bewegt.

Nach besagter Besichtigung war eine Feier angesetzt, um mich angemessen zu begrüßen und kennenzulernen. Nach 16 Stunden anstrengender Anreise und der daraus resultierenden, kaum noch zu unterdrückenden Müdigkeit hätte ich absagen können. Ein Blick in diese freudigen, strahlenden Gesichter überzeugte mich jedoch schnell davon, dass ich den hier lebenden Menschen einfach nichts abschlagen konnte. Im Laufe der Feier wurden mir die jeweilig an diesem Projekt beteiligten Personen vorgestellt, die dazugehörigen Frauen und unendlich vielen Kinder inklusive.

Die Zeit auf der Feier verging wie im Fluge. Ich merkte bis zu ihrem Ende und bei den einprägsamen Gesprächen mit den hier lebenden, hoch motivierten und bestens informierten Menschen nicht, wie die Stunden davonrannen und meine Müdigkeit zunahm. Erst, als ich am frühen Abend in mein Apartment zurückkam und mich für ein kurzes Nickerchen auf mein bequemes Bett legte, traf mich der harte Schlag des unterdrückten Schlafes und knockte mich bis zum Vormittag des folgenden Tages unbarmherzig aus.

Ein Gespräch mit Dada möchte ich an dieser Stelle jedoch erwähnen. Wie auf Feiern üblich stellten sich alle Gäste nach und nach einander vor und als ich schließlich von Dada ein undefinierbares, süß schmeckendes und gut gekühltes Getränk in die Hand gedrückt bekam, war die Reihe an ihm, ein paar Worte zu sich zu sagen. Dada stellte sich als mein persönlicher Assistent und Hauptansprechpartner für alle Aufgaben vor, die ich entweder nicht selbst lösen könne oder delegieren wolle. Mit vielen Worten und wild gestikulierend erzählte er mir von seiner Familie, dem Dorf, in dem er wohnt, und vom bisherigen Fortgang des Brunnenprojekts – immer unterbrochen durch das ihm eigene breite Lächeln. Er kannte sich sehr gut aus und hatte offensichtlich einiges auf dem Kasten. Dies lag nicht zuletzt daran, dass er ein Studium in den USA absolviert und erfolgreich abgeschlossen hatte. Der richtige Mann am richtigen Ort, dachte ich dann und in den folgenden acht Wochen immer wieder und war froh, ihn an meiner Seite zu haben.

Als ich am nächsten Tag erwachte, war ich voller Tatendrang. Ich torkelte noch arg schlaftrunken hinaus in die kräftig scheinende Sonne und konnte in einiger Entfernung meinen Assistenten Dada ausmachen. Freudig lud er mich auf ein herzhaftes Frühstück nach regionaler Machart ein, das unfassbar gut schmeckte und den während meiner Ohnmacht unbemerkt riesenhaft angewachsenen Hunger erfolgreich zu vertreiben vermochte. Während ich noch mit geschlossenen Augen genüsslich vor mich hin kaute, trommelte Dada die am Projekt beteiligten Menschen zusammen.

Nach kurzer Zeit war die Hütte voll mit gut einem Dutzend Leuten – neben Dada gehörten drei zum engeren Projektteam – von denen ich nur noch wenige Namen kannte. Ich lernte sie nach und nach, was kein Problem war, weil ‚Du' hier völlig ausreichte. Die Teller wurden weggeräumt und schon begann der praktische Teil des Treffens. Wir verschafften uns zunächst einen Überblick über den aktuellen Stand des Projekts und klärten, wo genau dieses hing und wie wir diese Hürden überwinden können. Diese Analyse mündete in das Verteilen von Aufgaben und Funktionen, was insgesamt mehrere Tage in Anspruch nahm. In dieser Zeit lernte ich meinen Assistenten Dada und die weiteren Projekthelfer kennen und schätzen. Es waren allesamt lebenslustige Menschen, die mitdachten, kluge Fragen stellten und eigene Ideen einbrachten. Anschließend krempelten sie die Ärmel hoch und gingen beherzt ans Werk. Ich habe mir seither auch in Deutschland oft solch ein tolles Projektteam gewünscht.

Es war offensichtlich, dass die vielen Verzögerungen nicht am Projektteam vor Ort liegen konnten. Nicht nur der reichhaltige Gemüsegarten hinter dem Haus, der vom eigentlichen Projektleiter in liebevoller Kleinarbeit angelegt worden war, ließ mich erahnen, wo die vielen Arbeitsstunden der letzten sieben Monate so hineingeflossen waren. Da der Projektinhaber in dieser Zeit nicht mehr als ein tiefes Loch im Boden hinbekommen, dabei jedoch eine Menge Honorar kassiert hatte, nenne ich ihn im Folgenden liebevoll ‚Rumpelstilzchen'.

Während der Analyse- und Planungsphase kristallisierte sich auch zunehmend heraus, dass es zu vielen unnötigen Verzögerungen aus technischen Gründen gekommen war. Es handelte sich dabei ausschließlich um Banalitäten. So wurden beispielsweise Kleinteile wie Muttern oder Schrauben nicht passgenau mitgeliefert. Des Weiteren waren im Lieferumfang der Pumpe einige Übergänge zwischen Rohrabschnitten entweder zu groß oder zu klein. Zudem fehlten diverse Filter, die die Pumpe vor dem recht reichlich vorkommenden Sand der Savanne schützen sollten. Diese und viele weitere Probleme waren ärgerlich, sind bei guter Planung vermeidbar und waren natürlich nicht durch Rumpelstilzchen verschuldet worden. Sie waren für einen technisch versierten Menschen jedoch allesamt lösbar, sind jedoch von ihm nicht aktiv und kreativ angegangen worden. Rumpelstilzchen hatte es offensichtlich vorgezogen, die so frei werdende Zeit zum Müßiggang zu nutzen – die Gelder flossen ja so oder so, warum also die eigenen grauen Zellen unnötig anstrengen? Bei jeder Kleinigkeit hatte Rumpelstilzchen also die Arbeit gestoppt, hatte bestellt, was fehlte – die Lieferung dauerte oft mehrere Tage bis Wochen, und anschließend die Arbeit wieder aufgenommen, nur um sie bei der nächsten Herausforderung dieser Art erneut zu unterbrechen. Eine umfassende Sichtung dessen, was vorhanden war, und eine Dokumentation dessen, was fehlte, hätte die Arbeit deutlich beschleunigt. So hätte alles Notwendige auf einen Schlag bestellt werden können. All dies war nicht passiert.

Mich ärgert die Einstellung maßlos, die hinter dieser Arbeitsweise steht und deren Folgen hier überall zu sehen waren. Mich ärgert und beschämt auch, wie Deutschland dadurch unter den hier Ansässigen repräsentiert wurde. Mich ärgert umso mehr, dass dies überhaupt möglich war und Rumpelstilzchen vom BLOED-Büro nicht genauer kontrolliert wurde.

Die höhere Gerechtigkeit traf Rumpelstilzchen schließlich doch, wie eingangs berichtet, durch eine trächtige Giraffe. Das hungrige Tier sah Rumpelstilzchens Gemüsegarten, verspürte den phasenweise auftretenden Heißhunger einer werdenden Mutter, erkannte in ihrer naturgegebenen Weisheit den hohen Vitamingehalt der so schmackhaft präsentierten Gemüsesorten und bediente sich reichlich. Das war dem so bestohlenen Müßiggänger nun gar nicht recht. Statt sich eines Kenners der regionalen Fauna zu bedienen, versuchte Rumpelstilzchen selbst, das hungrige Tier zu vertreiben. Es ist empirisch erwiesen, dass Giraffen kein klares Konzept von Eigentum besitzen. Unser Instrument der höheren Gerechtigkeit – sie wählte bewusst ein Tier mit großem Herzen und langem Hals – fühlte sich durch Rumpelstilzchen in seinem Recht auf Nahrungsmittelaufnahme kompromittiert und vertrieb den nervigen

Wicht durch einen beherzten Biss in einen der wild herumgewedelten Arme. Rumpelstilzchen quiekte, jammerte und verschwand. Und wie im Märchen war die Welt, zumindest für eine Weile, von einer Plage befreit. Ich bin der heldenhaften Giraffe noch heute dankbar für ihren nicht ganz selbstlosen, dafür aber sachdienlichen Einsatz. Da wir Rumpelstilzchen keinen verdorrten Garten hinterlassen wollten, wurden schnell einige Frauen aus dem Dorf organisiert, die diesen mit Wasser versorgten und von Unkraut befreiten. Diese freuten sich, auf diese Weise am Projekt beteiligt zu sein. Zudem wollten wir vermeiden, dass Rumpelstilzchen sich nach seiner Rückkehr genötigt sieht, seinen halbtoten Garten zeitintensiv wieder aufzuforsten.

In den darauffolgenden zwei Wochen gingen wir strukturiert all jene Aufgaben an, die entweder in die Kategorie ,lang andauernd', ,zeitkritisch' und/oder ,notwendige erste Schritte' fielen. Dabei lösten wir zahlreiche Probleme sehr pragmatisch, die ansonsten mehrere Wochen Wartezeit nach sich gezogen hätten, innerhalb weniger Tage. So wurde für den Anschluss der Brunnenpumpe eine

Reduzierung organisiert, um ein falsch geliefertes Bauteil doch noch nutzen zu können. Für die Photovoltaikanlage fehlten zudem Stecker, was durch eine Direktverdrahtung gelöst wurde. Zudem mangelte es an zahlreichen Schrauben, Muttern und anderen Kleinteilen, die jedoch durch engagierte Projektmitarbeiter auf mysteriösen Wegen beschafft wurden. Ich befürchte, dass nun irgendwo in der Savanne ein US-Militärhubschrauber steht, der nicht mehr abheben kann, weil ihm genau diese Teile fehlen. In diesen und in vergleichbaren Fällen hatte Rumpelstilzchen stets die Arbeit unterbrochen, fehlende oder falsch gelieferte Teilchen nachbestellt und sich anschließend seinem Wurzelgemüse gewidmet.

Die neue Herangehensweise kostete mich einige Euro aus der eigenen Tasche und war zudem nicht projektkonform. Nichtsdestotrotz ging die Arbeit nun schnell voran, die Projektmitarbeiter und die vielen Unterstützer waren hochzufrieden und innerhalb von vier Wochen stand die solarstrombetriebene Pumpenanlage und schnurrte wie ein Kätzchen. Die erbarmungslose Sonne lieferte reichlich Strom, die Rohre füllten sich und den Speichertank mit

Wasser und die Dorfbewohner waren glücklich. All das erreichten wir ohne Stress, mit viel Spaß bei der Arbeit und zudem mit viel Zeit in den besonders heißen Mittagsstunden, die wir zum Plauschen, Lachen und Kennenlernen verwendeten. Dada übersetzte dabei fleißig, lachte stets am lautesten und nach und nach entwickelte sich zwischen uns eine tiefe Freundschaft, die bis heute anhält. Zudem lernte ich, mich an die hier geltenden Gepflogenheiten anzupassen und so mehr zu erreichen als mit der mir eigenen Ungeduld. Wenn dem mir innewohnenden Widder einmal wieder alles nicht schnell genug ging, glättete Dada die Wogen, vermittelte zwischen mir und den verdutzten Projektmitarbeitern und erklärte mir, was in den betreffenden Situationen sinnvoll und was eher kontraproduktiv war. Er war letztlich der entscheidende Dreh- und Angelpunkt für den Erfolg des Projekts. Als die Anlage stand, kamen schließlich auch einige Vertreter des Managements des BLOED-Büros aus Deutschland angeflogen - mit einem Minister und Vertretern der Wirtschaft im Schlepptau. Sie schüttelten eifrig ein paar Hände, bewarfen uns mit Floskeln wie „Das haben Sie gut gemacht!" und „Ach, das bekommen sie schon hin" und machten fleißig Fotos. Ein wirklicher Austausch kam nicht zustande und ehe wir uns versahen, waren sie wieder in ihrem wohlklimatisierten Vier-Sterne-Hotel verschwunden.

Später war dann in diversen Artikeln, die von Eigenlob nur so trieften, zu lesen, wie wertvoll doch die Arbeit von BLOED sei. Nur durch diese Arbeit, so die Quintessenz, sei den armen, vom Schicksal benachteiligten Menschen in der Savanne zu helfen. Untermauert wurde der Bericht mit einem der vor Ort gemachten Bilder. Alles wirkte sehr clean und glänzend: Die ‚Zivilisierten' schenkten den ‚Wilden' großzügig eine Lebensgrundlage – ein überzeugendes Manifest der Re-Kolonialisierung.

Nicht aufgezeigt wurden all die Schwierigkeiten, die vor Ort auftraten und allen Beteiligten das Leben unnötig schwermachten. Kein Wort war zu lesen davon, dass die Pumpe gar nicht für den dort geplanten Einsatz vorgesehen war, dass Bauteile wüst und dem Anschein nach völlig willkürlich zusammengewürfelt worden waren und dass die Neubeschaffung zahlreicher notwendiger Teile zu unlösbaren logistischen Problemen geführt hatte. Die Gründe für dieses Chaos lagen meiner Erfahrung nach in erster Linie an der mangelnden Kompetenz der Projektverantwortlichen im BLOED-Büro sowie der Ausführenden vor Ort gleichermaßen. Über die unzähligen Stunden, die ich am Telefon verbracht hatte, um den entsprechenden Projektverantwortlichen im BLOED-Büro zu etwas mehr Unterstützung ,seines' Projekts zu animieren, stand ebenfalls nichts im Artikel. Der arme Mensch war von meinen konkreten Anfragen derart überfordert, dass diese Telefonate im Normalfall für beide Seiten unbefriedigend endeten. Es sei nicht meine Aufgabe, so die Quintessenz seiner abschließenden Antwort, Kritik zu äußern oder Verbesserungsvorschläge zu unterbreiten. Ich solle mich vielmehr schlicht an den Plan und meine Verantwortlichkeiten halten – fertig! Das Denken und Planen sei dem Management vorbehalten, das ja aufgrund seiner langjährigen Erfahrung am besten wisse, was zu tun sei.

Solche wilhelminischen Gespräche ließen die Galle in mir hochkommen und den Widder in mir brüllen. Sie überzeugten mich zudem davon, dass Probleme ausschließlich vor Ort zu lösen waren, wenn hier in absehbarer Zeit wirklich Ergebnisse entstehen sollten. Zudem ärgerte mich, dass es beim Projekt offensichtlich nicht darum ging, den Menschen hier wirklich zu helfen, sondern vielmehr um die positive Inszenierung der unwirtschaftlich organisierten Entwicklungshilfe. So sollte die eigene Existenzberechtigung untermauert und die zukünftige Finanzierung abgesichert werden – mit Erfolg, wie man sieht.

Mir ging es um die Menschen vor Ort und so fanden sich nach und nach Lösungen, bis die Pumpenanlage lief. Dafür war es an einigen Stellen nötig gewesen, vom heiligen Plan des BLOED-Büros abzuweichen und mitzudenken – war dies nun erwünscht oder nicht. Der Erfolg gab mir Recht und alle Beteiligten waren zufrieden. Rumpelstilzchen war mittlerweile soweit genesen, um das faktisch abgeschlossene Projekt in zwei Wochen wieder zu übernehmen. So blieb mir noch genügend Zeit, vom Denkverbot der Obrigkeit erneut abzuweichen und darüber nachzudenken, wie das Projekt nachhaltig zu gestalten sei. Nach dem Projektabschluss, so meine naive Überzeugung, sollte alles so hinterlassen werden, dass die Menschen vor Ort fähig sind, die Anlage in Gang halten zu können. Schließlich würden die vom BLOED-Büro entsandten Projektleiter in absehbarer Zeit verschwinden und was würde dann werden, wenn Ersatzteile gebraucht oder Reparaturen nötig würden?

Gemeinsam mit meinen Kollegen vor Ort erstellte ich also eine Ersatzteilliste und wir entschieden uns, ein Schulungsprogramm zur Anlagenwartung zu etablieren. Ich hielt das für gute Ideen, aber der Projektverantwortliche vom BLOED-Büro sah das anders. Wortreich gab er mir zu verstehen, dass dies zum einen nicht Teil meiner Aufgabe sei und zum anderen das Projektbudget diese Maßnahmen nicht mehr hergeben würde. Ich kannte das Projektbudget und die getätigten Ausgaben waren auch kein Geheimnis. Ich wusste daher, dass das Projektbudget noch längst nicht überreizt war. Da ich jedoch auch in Zukunft noch für Projekte des BLOED-Büros in Betracht gezogen werden wollte, entschied ich mich dafür, an dieser Stelle zu schweigen und stattdessen diese Zeilen zu schreiben. Die letzten beiden Wochen vergingen wie im Fluge. Ich brachte die Zeit damit zu, in regelmäßigen Abständen die Anlage zu prüfen, um eventuell auftretende Probleme sofort feststellen zu können. Rumpelstilzchen sollte seine restliche Zeit hier doch noch sinnvoll nutzen dürfen, dachte ich. Es traten jedoch keine Störungen auf, was bedeutete, dass Rumpelstilzchen wohl die restlichen Wochen in seinem Garten verbringen würde. Die reichliche Freizeit in den letzten beiden Wochen brachte ich damit zu, mit Dada die Umgebung zu erkunden. Es bot sich mir eine karge und doch sehr vielfältige Landschaft mit zahlreichen Tieren und Pflanzen, die sich an die schwierigen Lebensumstände in der Savanne angepasst hatten. Schroffe Steine, sandige Dünen und knorrige, dornige Pflanzen bestimmten das Bild. Dazwischen lagen immer wieder kleine Siedlungen mit freundlichen Menschen, die in angenehm kühlen Lehmhütten wohnten. Draußen herrschten sengende Hitze, seltsame Gerüche und ein heißer Wind vor, der immer wieder Sand mit sich führte.

Mein letzter Tag am Projektstandort war von gemischten Gefühlen durchzogen. Ich hatte die Menschen hier liebgewonnen und der Abschied fiel mir schwer, egal wie sehr ich mich auf Heimat und Familie freute. Gemeinsam Lösungen zu finden, sich über dieselben Dinge aufzuregen und viel zusammen zu lachen schweißt eben zusammen. Entsprechend herzlich war auch der Abschied. Wie zu Beginn meines Aufenthaltes wurde nun auch an dessen Ende eine Feier organisiert. Das Dorf kam zusammen, wir feierten den Projekterfolg und verabschiedeten uns ausgiebig voneinander. Dieser schöne Moment war für Dada, mich und einige andere jedoch immer wieder von einigen melancholischen Momenten durchzogen, wussten wir doch, dass es ein Abschied für immer sein würde. Aber so ist es nun einmal bei der Projektarbeit.

Die letzten vier Tage meines Aufenthalts durfte ich auf Anweisung des Projekt-Verantwortlichen aus dem BLOED-Büro im Vier-Sterne-Hotel in Flughafennähe verbringen, um Rumpelstilzchen den aktuellen Stand des Projekts zu übergeben. Diese Übergabe war sehr trocken: Rumpelstilzchen bedankte sich knapp und distanziert für meine

Vertretung und die durch mich erledigte Arbeit. Als ich ihn informierte, dass das Projekt – sein Projekt – technisch faktisch abgeschlossen war, entglitten ihm ein wenig die Gesichtszüge. Ihm wurde schlagartig die Überflüssigkeit seines weiteren Aufenthaltes hier bewusst und das machte ihn nicht sonderlich glücklich. Er fragte nur verdutzt, warum er dann die fehlenden Teile mitgebracht habe, die nun wohl nicht mehr gebraucht würden. Ich verwies ihn daraufhin schmunzelnd auf unsere Ersatzteilliste und er ging sichtlich betrübt von dannen. Ich schüttelte den Kopf, bestieg den Flieger und trat gut gelaunt den Rückweg in die Heimat an.

Da ich weiterhin Kontakt zu Dada hatte, war ich auch über den weiteren Fortgang des Projekts bis zu dessen endgültigem Abschluss informiert. Ich konnte so meine Neugier befriedigen und Dada konnte wiederum seinem Ärger ein wenig Luft verschaffen. Aus seinen E-Mails schloss ich, dass Mr. Sonnenschein tatsächlich zahlreiche Gründe hatte, sauer zu sein.

Rumpelstilzchen rumpelte nach seiner Ankunft um die fertige Anlage herum und war gar nicht erfreut darüber, dass diese nicht so umgesetzt worden war, wie er sich das in seinem Stroh-zu-Gold-Köpfchen ausgemalt hatte. Es war mit seiner Weltsicht einfach nicht vereinbar, wie man vom Plan abweichen und Lösungen erdenken konnte, die dennoch tadellos funktionierten. Er vermutete wohl dunkle Magie hinter der ganzen Geschichte und entschied sich schließlich, einiges an der Pumpe wieder auseinandernehmen zu lassen. Vielleicht wollte er sich auch nur eine Daseinsberechtigung für die letzten Wochen Projektlaufzeit verschaffen. Wie dem auch sei, es kam, wie es kommen musste: Die Pumpe gab schon nach wenigen Tagen endgültig den Geist auf, was das Projektbudget doch sehr belastete.

Sechs Monate nach Beendigung des Projekts war die Pumpe erneut kaputt. Das kommt davon, wenn man den improvisierten Schmutzfänger entfernt, den ich mit meinem Projektteam konstruiert hatte. Rumpelstilzchen hielt diesen für technisch unsinnig und setzte damit die für den Einsatz an dieser Stelle ungeeignete Pumpe jenen Sandteilchen aus, denen zu widerstehen sie nicht fähig war. Die Ersatzteile, die er mitgebracht hatte, waren völlig nutzlos gewesen und abgesehen davon war ohnehin niemand mehr vor Ort, der wusste, was zu tun war. Die Ersatzteilliste und das Schulungsprogramm hätten diesen Ausgang verhindert. Diese Maßnahmen wären vergleichsweise kostengünstig gewesen, da deren Erarbeitung und Umsetzung keine Mehrkosten verursacht hätten und ohnehin über mein Honorar abgedeckt gewesen waren. Sie standen so aber nicht im Projektplan und sie dort nachträglich (oder stets vorsorglich) einzuflechten hätte einen Mehraufwand für die Damen und Herren des BLOED-Büros bedeutet. Sie hätten zudem die Nachhaltigkeit der betreffenden Projekte erhöht und damit die Existenzberechtigung von Organisationen wie BLOED an sich langfristig infrage gestellt. Und wer will das schon, wenn sich damit unter dem Deckmantel der Wohltätigkeit so wunderbar Geld verdienen lässt?

Ohne Wasser gab es vor Ort keine Existenzgrundlage mehr. Seit Rumpelstilzchens Abreise kam auch kein Truck mehr, um den Wassertank in seinem Interimsdomizil nachzufüllen, von dem das Dorf zeitweise gelebt hatte.

Dada und die anderen Projektmitarbeiter sind mittlerweile in die nächstgelegene größere Stadt gezogen und haben ihre Familien mitgenommen. Auch die anderen Dorfbewohner sind abgewandert und die Natur hat die kleine Hüttensiedlung mittlerweile zurückerobert. Nun steht mitten in der zentralafrikanischen Steppe eine unfassbar teure Solar-Pumpenanlage, die nicht mehr pumpt. In der alten Lehmhütte wohnen die wilden Tiere und wenn man am tiefen Loch steht und genau hinhört, kann man zwischen leisen Tröpfelgeräuschen eine hohe Männchenstimme hören, die sagt: „Ach wie gut, dass niemand weiß ...!"

Bei all diesem Chaos aber noch eine gute Nachricht: Die heldenhafte Giraffe hatte noch während der Zeit meines Aufenthaltes gekalbt und einen strammen jungen Giraffenbullen zur Welt gebracht. Das Gefühl, das man empfindet, wenn man ein Giraffenjunges unbeholfen durch die Savanne staken sieht, ist unbeschreiblich. Ich hoffe, dass sich die beiden noch lange am mittlerweile ebenfalls verschwundenen Gemüsegarten von Rumpelstilzchen gütlich getan haben!

III - Von Orks und Elfen

Ich stehe vor dem Spiegel. Die Zornesröte kriecht mir ins Gesicht. Sie wandert über den Haaransatz hinaus, befällt die Kopfhaut und für einen Moment bin ich dankbar, dass sie nicht denselben Regeln folgt wie die Gürtelrose. Wenn es so wäre, würde mein Kopf platzen und meine Reinigungskosten in die Höhe treiben. Als Widder hat man es nicht leicht. Doch wie kam es dazu? Lassen Sie mich Ihnen alles von Anfang an erzählen ...

Es war einmal vor einiger Zeit in einem armen Land irgendwo im Nahen Osten. Als Projektingenieur mit der Spezialisierung ‚Erneuerbare Energien' wurde ich von BLOED beauftragt, dort als Berater tätig zu werden. Ziel war es, einer regionalen Organisation, die sich vor Ort um den Ausbau der erneuerbaren Energien kümmern soll, mit meiner Sachkenntnis auf die Sprünge zu helfen. Das klingt ja soweit erstmal ganz gut: Ich bin seit über 25 Jahren im Bereich ‚erneuerbare Energien' aktiv, habe dort gehobene Managementpositionen begleitet sowie zahlreiche Unternehmen im In- und Ausland auf- oder ausgebaut. Ich würde mich daher ganz schnörkellos als ‚Experten' bezeichnen. Auch das Springen liegt als Widder in meiner Natur und ich bin darüber hinaus ein chronischer Weltverbesserer.

Nach meinen Festanstellungen nun als Berater tätig, hielt ich mich für den richtigen Mann am richtigen Platz. Ich würde in der arabischen Welt als deutscher Fachmann auftreten, dem man schon aufgrund seiner Herkunft und Reputation zuhört und dessen Vorschläge und Ideen man aus demselben Grund sofort wertschätzt. Schließlich war

Deutschland zu jener Zeit mit seiner ‚Energiewende' globaler Vorreiter bei den Erneuerbaren und genoss entsprechend weltweites Renommee.

Sie sehen schon, dass ich aus meinem Aufenthalt im reichen arabischen Land nicht wirklich etwas gelernt hatte. Dass die Energiewende und damit die Erneuerbaren in Deutschland mittlerweile aufgrund von finanziellen Interessen von Rohstoffhändlern und Energieproduzenten sowie durch diverse politische ‚Fehlentscheidungen' seit Jahren in der Krise stecken, sei hier nur am Rande erwähnt. Die Experten in diesem Bereich haben also im Moment vergleichsweise viel Freizeit. Ich selbst erhoffte mir eine neue, sinnstiftende Aufgabe. Ich würde analysieren und gestalten, tolle Ideen und Lösungen liefern, die sofort begeistert umgesetzt würden, würde bei guter Bezahlung meine internationalen Kontakte ausbauen, hätte Spaß bei der Arbeit und würde, ganz nebenbei, auch noch die Welt retten. Toll, nicht wahr?

Sie ahnen es schon: Die Realität sah anders aus und holte mich aus meinen Tagträumereien schnell zurück. Die zu beratende ‚Organisation' bestand aus einem Boss und zahlreichen Praktikantinnen. Letztere bekam ich so gut wie nie zu Gesicht. Das lag wohl daran, dass die Damen es dort selten länger als zwei Wochen aushielten. Warum das so war, wurde mir klar, als ich die Person – besagten ‚Boss‘ – zum ersten, zweiten, dritten usw. Mal sah. Und hörte. Und roch. Und, und, und.

Der Mann war ein wandelnder Bauch – ich nannte ihn liebevoll ‚meine muffige Wandelwampe‘. ‚Schmierig‘ ist ein Adjektiv, das ihn am besten beschreibt, denke ich. Waschen wird überbewertet – so drückte es sein Körpergeruch treffend aus. Seine tief liegenden, blutunterlaufenen Augen und seine Hängelider zeugten ebenso treffend von einem weniger wachen Geist. Jeder noch so begabte Kosmetiker wäre sicher an ihm verzweifelt. Er fläzte meistens in seinem Drehstuhl faul vor dem Schreibtisch herum. Hätte man ihm ein Kettenröckchen angezogen, wäre er glatt als menschliches Kettenkarussell durchgegangen. Er wurde als ehemaliger Offizier unteren Dienstranges aufgrund seiner Unbrauchbarkeit vorzeitig aus dem Dienst entlassen und hat dann, wohl um seine Nutzlosigkeit zu steigern, auf erneuerbare Energien umgeschult.

Das bot sich bei ihm an, weil er einmal, vor etwa 20 Jahren, gehört hatte, dass es so etwas wie Solarenergie gibt. Wenn man statt Begabung, Disziplin und Interesse an der Sache lediglich eine große Klappe benötigt hätte, um die neue Aufgabe gut auszufüllen, er wäre die ideale Besetzung gewesen! Doch er wusste nur, wie man Befehle in die Umgebung brüllt, deren Ausmaß er selbst nicht erfassen konnte. Keine belastbare Fachkenntnis, keine unternehmerische Erfahrung oder jegliche Offenheit für die damit verbundenen Notwendigkeiten – all das gepaart mit dem Charme eines Kuhstalls. Mein Beratungssubjekt war geradezu der feuchte Albtraum eines jeden ambitionierten Weltverbesserers. Als Widder muss man seinem Groll auch einmal Luft machen können – lesen Sie diese Zeilen bitte entsprechend mit einem Augenzwinkern! Um es kurz zu machen: Die faktische Ein-Mann-Organisation bestand aus einem Ork, wie Sie ihn aus den *Herr der Ringe*-Filmen kennen. Es war ein stumpfsinniger, arroganter und hochgradig erkenntnisresistenter Rohling mit rudimentären kommunikativen Fähigkeiten. In der Armee

hatte er vielleicht gelernt, wie man Dinge bestmöglich ka-
puttmachen kann, doch sinnvolle und konstruktive Wege
zu beschreiten lag seinem fragmentarischen Denken fern.
Zum Glück hatte er keine Axt, sonst hätte ich diese Zeilen
wohl nicht mehr schreiben können! Nichtsdestotrotz,
diese Realität entsprach keineswegs der Theorie, die im
Antrag so rosig klang. Erfindungsreichtum hatte der Ork,
das muss ich ihm an dieser Stelle ehrlich zugestehen. Im
Skype-Interview hatte er vorab auch eher elfenzart ge-
klungen.

Wie kam es nun dazu, dass ausgerechnet dieser Ork, dem
entwicklungspolitische Arbeit so fern lag wie einem Rüs-
tungsindustriellen die Unterstützung einer Friedensorga-
nisation, finanzielle Unterstützung in Form von Entwicklungshilfe zufloss? Das soll Gegenstand dieses Kapitels
sein. Es soll auch mein Ringen darum zeigen, dass die Gelder trotz der widrigen Umstände sinnvoll eingesetzt werden – und welche Hürden mir dabei von den unterschiedlichsten Seiten in den Weg gelegt wurden.
Bezahlt wurde ich als ausgeliehener Experte im Rahmen

der so toll klingenden „Unterstützungsmaßnahme im Professionalisierungs- und Internationalisierungsprozess" zu 97 Teilen aus deutschen Steuergeldern vom BLOED-Topf und zu 3 Teilen aus dem örtlichen Gehalt. Normal ist, dass Berater in Entwicklungshilfeprojekten vom Geförderten das gängige lokale Gehalt beziehen, das dann entsprechend auf deutsche Verhältnisse aufgestockt wird. So trägt auch der Geförderte einen Teil der Kosten, was die Motivation, Projekte erfolgreich umzusetzen, enorm steigern sollte, ohne dass eine Überbelastung droht. Da das lokale Gehalt allein für gut bezahlte Berater aus reichen Landen finanziell nicht attraktiv wäre, können durch die Aufstockung tatsächlich echte Experten für Entwicklungshilfeprojekte gewonnen werden. Die Aufstockung war in meinem Fall recht hoch, besagtes ‚lokales Gehalt' hätte zudem ca. 1.000 EUR betragen sollen. Mein Chef vor Ort zahlte mir jedoch nur rund 200 Euro. Die fehlenden 800 Euro hat BLOED brav und natürlich ohne zu prüfen über die Aufstockung hinaus ebenfalls zugeschossen. Dass der Effekt der Motivation aufgrund von Eigenleistung bei solch einem niedrigen Anteil komplett verpufft, sollte niemanden überraschen. Kurzum: Für den Ork war ich billig, meine Arbeit brachte ihm sogar noch diverse Sachleistungen ein, für Leute wie Sie war ich teuer. Ich hoffe, Sie freuen sich mit mir!

Ich hätte sofort abreisen können. Doch Hand aufs Herz: Als Experte einer Branche, die sich in Deutschland doch eher auf dem absteigenden Ast befindet, freute ich mich über das Geld und die immer größer werdende Herausforderung. Zudem ist Aufgeben nicht so meine Sache. Also beschloss ich zu bleiben und das Beste aus meiner Situation zu machen.

Das Beste daraus machen hieß, sich zunächst einmal einzurichten. Große Herausforderungen erfordern viel Kraft und so benötigt man ein Kraftzentrum – ein kleines Refugium, in dem man neue Energie tanken kann. Da hatte ich bereits vorgesorgt und statt der hohen laufenden Kosten für ein Hotel auf den damals noch für einen Elf gehaltenen Ork gesetzt. Dieser hatte mir erzählt, dass er mir für einen mittleren vierstelligen Betrag ein solches Refugium einrichten könne. Ich könne es dann nutzen und müsse für die gesamte Dauer meines Aufenthalts, immerhin 2 Jahre, keine Miete mehr zahlen. Ich überschlug, war begeistert und entschied mich für sein Angebot. Alles sah zunächst rosig aus: Mein zukünftiger Chef wollte nicht nur mein bester Freund sein, sondern nahm mich gewissermaßen in die Familie auf. Ich wurde sein Bruder und alles, was ihm gehörte, gehörte nun auch mir. Letzteres galt natürlich auch umgedreht und mein neuer Bruder war sehr geschickt darin, Situationen heraufzubeschwören, in denen mein Portemonnaie zu seinem Selbstbedienungsladen wurde. Einige Beispiele hierfür seien im Folgenden angeführt.

Ich wurde gegen 23:00 Uhr Ortszeit von Bekannten meines neuen Bruders vom Flughafen abgeholt. Es war Winter und selbst in diesen Breiten war es in den Wintermonaten ordentlich kalt. Der Chef selbst habe keine Zeit mitzukommen, wurde mir gesagt, doch die beiden verstanden es, mir so viel Honig ums Maul zu schmieren, dass ich meine anfängliche Enttäuschung schnell vergaß. Sie schwärmten mir vor, wie froh sie seien, einen Experten aus Deutschland dazuhaben. Und nach allem, was man über mich gelesen habe, wüsste man ja, dass ich mich wirklich in der Materie auskenne. Meine Erwartungen wurden bestätigt, wir unterhielten uns angeregt. Nach circa einer Stunde Fahrt erreichten wir schließlich mein neues Domizil. Ich war müde und abgekämpft und wollte direkt von der Rückbank des Autos in mein frisch hergerichtetes Bett wechseln. Obwohl mein Domizil direkt auf dem Vereinsgelände lag und der tägliche Arbeitsweg somit keine Mühe bereiten sollte, war mein erster Eindruck nur bedingt erfreulich. Alles sah trotz bereits erwähnter telefonischer Abmachung, die Wohnung für meinen Einzug fit zu machen, genauso aus wie auf den Bildern, die ich vor unserer Übereinkunft gesehen hatte. Zum Glück konnte ich bei der Dunkelheit nicht allzu viel erkennen, sonst hätte ich in der Nacht wohl kein Auge zugedrückt! Was ich erkennen konnte, war schlimm genug. Von außen handelte es sich um einen Rohbau mit eigenem Müllplatz, aber ich würde ja nicht außen wohnen und man soll ein Buch bekanntermaßen nie nach dem Umschlag beurteilen. Kommt Ihnen das bekannt vor? Also

wurde mir die Tür geöffnet und stolz über die eigene Vor-
bereitungsleistung bat man mich einzutreten.
Leider war das Innere des Hauses so wie sein Äußeres:
Rohbau, liebevoll und großzügig gesprenkelt mit viel Müll
und Bauresten. Zum Teil roch es nach frischer Farbe, die
wohl hier und da das Schlimmste kaschieren sollte, doch
selbst aufgegeben hatte und nun bereits in Schollen von
Decke und Wänden fiel. Ein alter Elektroheizer stand trau-
rig in der Ecke. Keine Möbel weit und breit, stattdessen
ein altes Feldbett, zwei schäbige Matratzen, ein Schlaf-
sack. Haben die, die hier vorher gehaust haben, mir diese
Dinge aus lauter Fürsorge zurückgelassen?
Dies zu sehen tat weh. Mein Kinn schlug auf dem Boden
auf, der Widder in mir schrie. Allen Ernstes wurde ich gefragt, ob ich mit den extra für mich erbrachten Leistungen
zufrieden sei. Ich beantwortete diese Frage mit einer Ge-
genfrage: „Wo ist das nächste Hotel?" (Ich liebe es, mich
selbst zu zitieren!) Sichtlich enttäuscht wurde mir gesagt,
dass es hier kein Hotel gebe und, sollte ich dennoch darauf
bestehen, man stundenlang nach einer geeigneten Aus-
weichunterkunft suchen müsse. Also richtete ich mich auf

eine lange Nacht auf dem Feldbett ein. Diese erste Nacht war ein Alptraum. Von den drei Heizstäben meines müden Elektroheizers funktionierte nur noch einer, doch auch der war altersschwach und versagte hin und wieder den Dienst. Zum Glück hatte ich eine warme Decke mitgebracht. Selbst ist der Energieberater. Dennoch war es nasskalt, es tropfte durchs Dach und der Schlaf mied mich wie der Teufel das Weihwasser. In diesem Vergleich bin ich übrigens das Weihwasser, nur zur Information.

Am nächsten Morgen wachte ich gegen 06:00 Uhr wie gerädert auf. Da weit und breit noch niemand zu sehen war, erkundete ich, nun bei Tageslicht, auf eigene Faust mein neues Zuhause. Die Küche bestand aus Blechkisten, alles war im Rohbauzustand. Eine dumme Idee veranlasste mich dazu, die Blechtüren zu öffnen. Daraufhin wurde ich freundlich von einem großen Gebilde aus Schimmelpilzflechten begrüßt, das wohl lange vor mir hier eingezogen war. Wir entschieden, einander nicht zu mögen und fortan getrennte Wege zu gehen.

In den übrigen Räumen bot sich dasselbe Bild: Rohbau, Dreck, von Möbeln keine Spur. Auch der nachts nur schemenhaft wahrnehmbare Müllhaufen vor meiner Wohnung lag mir nun in all seiner Pracht zu Füßen. Was sich darin alles befand, drehte mir fast den Magen um. Und seien Sie versichert: Ich bin hart im Nehmen! Am späten Vormittag kam einer der Herren vom Vortag. Er hatte meinen neuen Chef im Schlepptau. Man habe mich etwas länger schlafen lassen, damit ich mich von den Strapazen der Anreise erholen könne. Dass meine Nacht keineswegs erholsam war und bereits beim ersten Tageslicht entnervt durch mich unterbrochen wurde, ließ ich an dieser Stelle unerwähnt.

Mein Bruder äußerte sogleich seinen Stolz auf die bisher für mein Wohlbefinden erbrachten Leistungen und teilte mir dann mit, dass man gekommen sei, um nun gemeinsam Möbel einzukaufen. Der Rest würde dann in wenigen Tagen auch komplett fertiggestellt sein. Mit der mir eigentümlichen Gutgläubigkeit übergab ich die vereinbarte Summe.

Die folgenden Tage verbrachten wir mit Einkaufen. Die Qualität der Möbel spottete jeder Beschreibung. Die kleine verwöhnte Diva kam in mir durch und wurde nur unzureichend vom Verstand beschwichtigt, der sagte, dass ich hier keinen heimischen Luxus erwarten könne und gewisse Einschränkungen eben in Kauf nehmen müsse. So suchte ich mir zumindest immer die Möbelstücke aus, die noch zu ertragen waren, während mein Bruderherz mir immer ähnliche Möbel vorschlug, die aber deutlich billiger waren und auch so aussahen. Ich lehnte ab und blieb bei meiner Wahl, trotzdem wurden später die Möbel angeliefert, die mein Bruder gut fand. Weniger Kosten dort hieß schließlich, dass mehr von meinem Geld in seiner Tasche blieb. Auch die so hochwertige angepriesene neue Matratze stank nicht nur wie ein altes Chemiewerk in Bitterfeld, sie war zudem bereits nach zwei Tagen durchgelegen und so musste ich mir auf eigene Rechnung eine neue kaufen. Zum Intervenieren hatte ich jedenfalls keine Chance, da die Geschäfte in meiner Abwesenheit getätigt wurden, und so fand ich mich mit der Situation ab.

Trotz meiner Erfahrung mit der Wohnung sah ich mich zunächst noch nicht veranlasst, meinem neuen Bruder gänzlich zu misstrauen. Das sollte sich aber bereits in den unmittelbar darauffolgenden Tagen ändern. Der Kauf der Möbel, der zunächst noch mit meinem vorgestreckten Guthaben erfolgte, gestaltete sich unerwartet teuer. Ich erfuhr erst später, dass mein Bruder beispielsweise ein Möbelstück für umgerechnet 100 Euro eingekauft hatte, sich aber eine Quittung für 300 Euro ausstellen ließ. So lief es, bis mein Guthaben ausgeschöpft war. Das hieß, dass alles Folgende nun aus meiner eigenen Kasse zu bezahlen war.

Der Einkaufsrummel ging weiter, diesmal zahlte ich direkt mit meinem privaten Geld. Ich beherrschte aus meinem früheren Einsatz im reichen arabischen Land – Sie erinnern sich – ein bisschen Arabisch. Meine damalige Beschäftigung in der aufgezwungenen Freizeit hat sich im Nachhinein doch noch bezahlt gemacht. Vor allem die Zahlen waren mir noch geläufig, sind die arabischen Zahlen doch der Ursprung derer, die wir heute auch in unserem Kulturkreis nutzen. Daher fiel mir nun auf, dass die

Zahlen, die an den Objekten standen, mysteriöserweise mit der Übersetzung meines Bruders nicht ganz übereinstimmten. Mein Bruder schien sich konsequent nach oben zu verrechnen. Eine Rechenschwäche? Das zu viel Gezahlte landete in seiner Tasche und, wie ich später erfuhr, schließlich auf seinem Privatkonto. Lehrgeld, wie ich fand, das zu zahlen war, um sich in der neuen Umgebung zurechtzufinden. Und ich wusste nun endgültig, was von meinem neuen Familienmitglied zu halten war. Der Widder in mir – Sie wissen schon.

Jedenfalls kaufte ich noch einen Wohnzimmerschrank, ein Bett und einen Gasheizer auf eigene Rechnung und beschwerte mich parallel beim BLOED-Büro vor Ort. Nach meiner Schilderung des Sachverhalts fiel die Antwort jedoch kurz und unromantisch aus: Das sei hier eben so und zudem handele es sich um eine Privatangelegenheit, in die man sich beim besten Willen nicht einmischen könne. Was den besten Willen der BLOED-Administrativkräfte angeht, hatte ich bereits Vorerfahrungen und wusste, dass davon nicht viel zu halten war.

Noch ein weiteres Beispiel gefällig? Die insgesamt 70 Quadratmeter Wohnfläche, die ich mir genialerweise im Vorfeld gesichert hatte und in meinen ersten Tagen vor Ort einzurichten gedachte, entpuppten sich als weitere Mogelpackung. Es galt nämlich plötzlich als gesetzt, dass 40 Quadratmeter davon mein neues Büro werden sollten. Ich zahlte also für meinen Arbeitsplatz, von dem ausschließlich Bruder Ork profitieren sollte, ordentlich mit meinem eigenen Geld. Ich zahlte für die Fläche, für die Möbel und für die IT. Das meiste davon konnte ich nach Abschluss meines Mandats nicht nach Hause mitnehmen und so ging es direkt in den Besitz meines Bruders über. Familie ist doch was Schönes, nicht wahr? Zumindest war das Büro nach einigen Wochen mit eigenem Zutun – Internet und Telefon beschaffte ich selbst – fertig eingerichtet. Die Zeit überbrückte ich damit, dass ich die anfängliche Arbeit bei meinem Chef am runden Esstisch sitzend erledigte. Die restlichen 30 Quadratmeter meiner Wohnung sollten mir nun privat als Wohnfläche zur Verfügung stehen. 15 Quadratmeter davon waren eine Schlafzimmer-Badezimmer-Küchen-Kombo, die übrigen 15 Quadratmeter sollten mir als Wohnzimmer dienen. Der Nutzen für meinen Chef war dabei gleich null. Kann es daran gelegen haben, dass für den Ausbau eben dieser Bereiche plötzlich die Zeit gefehlt hat?

Jedenfalls ist die Schlafzimmer-Badezimmer-Küchen-Kombo nur durch mein eigenes Engagement fertig geworden und das Wohnzimmer blieb bis zum Ende meines Aufenthalts in einem unbewohnbaren Zustand. Meine wiederholten Fragen, wann dieser Bereich denn nun fertig werden würde, wurden immer mit derselben Antwort bedacht: „Morgen, Inschallah." Man hatte sich mittlerweile wohl daran gewöhnt, dass der deutsche Depp schon aktiv werden würde, wenn man selbst nur brav die Füße stillhielt. Gut, ich will nicht klagen – eine gewisse Romantik hatte es doch: Bei starkem Regen bildete sich in meinem unfertigen Wohnzimmer ein hübscher kleiner Badesee, der mich auf den Gedanken brachte, eine Fischzucht zu eröffnen. Dieser Gedanke beschäftigt mich bis heute und hat schon einige Früchte getragen, die bald Reif zur Ernte sind. Doch ich schweife ab …

In meiner blinden deutschen Arbeitswut klaubte ich zudem in meiner Freizeit den Müllhaufen vor meinem Domizil zusammen und beförderte ihn ans Ende des Geländes. Insgesamt kann ich sagen, dass mein Refugium doch recht deutlich litt. Aber wie schon Kurt Tucholsky geschrieben hat: „Jedes Glück hat einen kleinen Stich." Meines hatte einen großen Stich, es muss also auch ein entsprechend großes Glück gewesen sein!

Anfänglich lächelte ich über diese Charakterschwächen meines Bruders hinweg und freute mich ehrlich über die durchaus zahlreichen positiven Momente mit ihm. So half er mir dabei, mich einzurichten und mich zu orientieren. Oft lud er mich in den Pausen ein, um gemeinsam mit seiner Familie zu speisen. Und er stellte mir seine Kinder vor, die eines Tages in Deutschland studieren sollten. Lustigerweise war mit der Vorstellung seiner Kinder indirekt die Erwartung verknüpft gewesen, dass diese eines Tages aktiv von mir eingeladen würden, nicht zuletzt um während ihres Studiums kostenfrei bei mir zu wohnen. Diese Erwartung wurde später noch einmal aktiv – und erfolglos – an mich herangetragen.

Der familiäre Segen kam aber spätestens dann in eine deutliche Schieflage, als mein Bruder mich bat, nein, von mir forderte, ich möge doch weitere Hilfsgelder aus Deutschland beantragen. Dass ich das konnte, wusste er. Ganz unverblümt gab er zu, dass er sich daran persönlich bereichern wolle und sogar vor lauter Großzügigkeit bereit war, mir einen Teil abzugeben. So hätten wir beide etwas davon gehabt.

Mein Bruder hielt dies für eine gute Idee. Ich war da anderer Meinung und so entschloss ich mich, nicht nur meinem Gewissen zu folgen, sondern auch das zu tun, was bei BLOED fehlte: Ich wurde meiner Kontrollfunktion gerecht und lehnte die freundschaftliche Forderung meines Bruders ab. Ich begründete diese Ablehnung damit, dass ich lückenlos prüfen müsse, ob diese Gelder auch auf Heller und Pfennig zweckgerichtet eingesetzt würden. Diese Meinungsverschiedenheit sorgte bei meinem Bruderherz doch für ein wenig Verstimmung. Er schnauzte mich an, der Widder in mir schnauzte zurück. Fortan aß ich allein und der Ton zwischen uns wurde kühler und schärfer. Seither stand ich, wie eingangs geschildert, hin und wieder mit einer gesunden Gesichtsrötung vor meinem Badezimmerspiegel und versuchte, meinen Rachegedanken keine Taten folgen zu lassen. Bruderliebe hat eben viele Facetten.

Kommen wir nun vom Privaten zum Geschäftlichen und damit zum eigentlichen Grund meines Aufenthalts. Zur Erinnerung: Ich sollte dem Verein meines Bruder-Chefs beratend zur Seite stehen. Die Aufgabe des Vereins bestand darin, alternative Energien im Land bekannter zu machen, ihre Position zu stärken und vor allem durch Aufklärung dabei zu helfen, sie als tatsächliche Alternative auf allen Ebenen der Gesellschaft zu etablieren. Ich sollte den Verein im Wachstums-, Professionalisierungs- und Internationalisierungs-Prozess unterstützen und hielt mich bis zum Beginn meiner Arbeit geradezu für eine Traumbesetzung. Noch bevor mein Büro einsatzfähig war, ging ich voller Enthusiasmus ans Werk. Als Berater bzw. als Besserwisser, der für seine Klugscheißereien auch noch gut bezahlt wird, hatte ich sofort jede Menge toller Ideen, wie ich die Welt im Allgemeinen, das arme arabische Gastgeberland im

Speziellen sowie den Verein meines Brüderchens im Spezifischen deutlich besser machen konnte. Nachdem ich mir einen ersten Überblick über die Sachlage verschafft hatte, machte ich zahlreiche Arbeitspläne, die gern angenommen wurden, denen aber keinerlei Taten folgten.

Warum das so war, stellte ich sehr schnell fest: Mein Chef war nicht nur minderbemittelt, sondern er hatte von seinem angeblichen Fachgebiet nicht den Hauch einer Ahnung. Er konnte mit meinen Vorschlägen schlichtweg nichts anfangen, nothing, nada, rien. Es mag arrogant klingen, doch es entsprach leider der Realität: Mein Chef wusste so wenig von erneuerbaren Energien wie der Papst von Sexspielzeug.

Wie ich da so sicher sein konnte? Ich entwickelte in meiner trickreichen Art einige kleine Fallen, in die mein unbeholfener Bruder konsequent hineintappte. So erfand ich putzige Technologien und fragte ihn, was er darüber wisse. Die Antwort war jedes Mal dieselbe: „Alles schon gesehen, alles schon erlebt. Schließlich habe ich 20 Jahre Erfahrung." Zudem ließ ich mir ulkig klingende Namen von

Leuten einfallen, die ich als Koryphäen im Bereich der Erneuerbaren bezeichnete. Konkret fragte ich ihn nach dem Vorstandsvorsitzenden eines erfundenen chinesischen Solarunternehmens namens ‚Natima Kamasutra'. Ich machte es meinem Bruder hier wirklich leicht – was tut man nicht alles für seine buckelige Verwandtschaft? Doch er begriff weder, dass der Name wenig chinesisch klang, noch dass der Nachname offensichtlich gänzlich anderer Herkunft war. Mein Chef wusste wohl auch nichts über – aber lassen wir das. Jedenfalls zählte er den fiktiven Herrn zu seinem engsten Freundeskreis, wie er stolz berichtete. Ich hatte große Mühe, nicht in schallendes Gelächter auszubrechen, und sah in dem Moment wohl ebenso rot aus wie abends vor meinem Spiegel. Gut, kann ja mal passieren, aber er kannte noch zahllose andere Firmen, die es nicht gab, und deren Geschäftsführer, die es auch nicht gab. Er zählte auch Vorstandsvorsitzende existierender Unternehmen zu seinen Freunden, die dummerweise schon seit Jahren nicht mehr im Amt waren, usw. usw. usw. Ich gebe zu, dass das nicht besonders fair und erst recht nicht nett war, aber nach seinen Streifzügen durch mein Portemonnaie hatte ich eine geradezu diebische Freude an derartigen Spielchen entwickelt. Kurzum: Mein Chef war ein Fachidiot ohne Fachkenntnisse. Das war nicht schlimm, denn für die Fachkenntnisse war ich ja da. Leider fehlte es ihm nicht nur an Sachkenntnis, sondern auch an kommunikativen Fähigkeiten. Ich zeigte ihm zahlreiche Ideen auf. Nichts passierte. Ich erstellte Arbeitspläne, die von meinem Bruder als ‚exzellent' und ‚super' bezeichnet wurden. Aber nichts geschah. Schließlich erklärte ich ihm mehrfach und wie einem kleinen Jungen, was nach Meinung seines Beraters als nächstes zu tun und anzugehen war. Sie können sich denken, was danach passiert ist. Natürlich nichts. Hin und wieder platzte ihm der Kragen und in seiner Verzweiflung blaffte er mich an: „Ich Boss, du nix! Du machen, was ich sagen tu, und du Klappe halten. Ich mich auskennen tu und weiß Bescheid, weil viele Jahre Erfahrung habe ich. Zusätzlich zu dem ich dich bezahle fürstlich und wenn du nix machen, was ich will, um mich selbst zu bereichern, dann ich dich schmeiße raus, weil ich ganz berühmt sein tu und tausend andere zu mich kommen tun wollen."

Durch eigene Beobachtungen und Gespräche mit Kontakten vor Ort fand ich schließlich heraus, dass er mit der Beratung durch mich das Ziel verfolgte, einerseits sein Renommee durch das Vorzeigen eines deutschen Experten zu steigern und andererseits meine Ideen als die seinen auszugeben. All das wäre mir egal gewesen, doch dummerweise gab er meinen inhaltlichen Input zum Teil so schief weiter, dass mich andere Experten daraufhin verdutzt ansprachen und ich nun einiges geradezurücken hatte.

Jedenfalls reifte in mir schnell die Einsicht, dass ich auf mich allein gestellt war. Wie bei meiner Wohnung musste ich auch hier selbst aktiv werden, wenn ich wirklich etwas bewegen wollte. Um beispielsweise besagte Experten treffen und mich endlich einmal wieder mit anderen fachlich auf Augenhöhe austauschen zu können, baute ich mir ein Netzwerk auf und organisierte zudem zahlreiche Konferenzen. Ich pflegte auch Kontakt zu anderen vom BLOED-Büro entsandten Experten im Land und wurde zu Vorträgen und Events eingeladen, die mit erneuerbaren Energien im Zusammenhang standen. Das war gut so, denn sonst wäre ich in meinem still tropfenden Kämmerlein wohl verrückt geworden.

Innerhalb meines wachsenden Kontaktnetzwerks zu Experten aus Universitäten, Institutionen und Unternehmen vor Ort wurden meine Leistungen jedenfalls wertgeschätzt und es tat gut, dass dies ehrlich und mit Fachkenntnis geschah. Es war auch sehr angenehm, dass ich in diesem Rahmen endlich meinem Auftrag entsprechen konnte, da in Expertengesprächen auf und außerhalb von Konferenzen ein intensiver Wissenstransfer stattfand. Dadurch erwarb ich zudem grundlegende Kenntnisse über den Status quo in puncto erneuerbare Energien im armen arabischen Gastgeberland. Diese wertvollen Informationen bildeten die absolute Grundlage für meine Arbeit und waren von meinem Chef natürlich nicht zu bekommen – ob aus Mangel an Kompetenz, Intelligenz oder Charakter sei dahingestellt. Beim Aufbau von Basiswissen half es mir auch, Korrespondenzen mit lokalen Unternehmen zu pflegen. Mein Ziel war es dabei zu erfahren, auf welchem Wissens- und Technologiestand diese sind, um einen gezielten Wissensaustausch in Gang zu bringen und für etwaige künftige Projekte Kontakte zu Entscheidern aufzubauen. Des Weiteren betreute ich lokale Projekte und sorgte für eine Vernetzung von Kennern und Entscheidern. Die Akquise von Interessenten war Chefsache, aber Sie können sich ja denken, wie das ausgegangen war. Auf Einladung von Hochschulen meines armen arabischen Gastgeberlandes hielt ich Vorträge vor Studierenden. Besondere Freude bereitete es mir, Schulklassen zum Thema ‚erneuerbare Energien' zu unterrichten. Interessanterweise bekam mein Bruder es hin, diese recht zahlreich auf sein Vereinsgelände zu locken. Viele meiner Projektvorschläge wurden jedoch trotz meiner Bereitschaft zu Eigenengagement nicht umgesetzt, weil mein Bruderherz sich immer wieder ein großes Stück des Kuchens für sich selbst abzweigen wollte.

Diese putzige Eigenart meines Bruders war nicht nur meine Beobachtung, sondern auch die zahlreicher Gesprächspartner, die ich im Laufe meiner Tätigkeit im Gastgeberland traf. Beispielsweise traten im Rahmen von Veranstaltungen Personen an mich heran, die meinen Chef noch aus seiner Armeezeit kannten. Dort, so berichteten sie mir, habe er den Ruf genossen, eine geradezu drachenhafte Sammlerleidenschaft zu besitzen und sich alles anzueignen, womit er sich selbst bereichern konnte. Bei Nichtbeachtung seiner Ansprüche, so wurde mir erzählt, konnte er schon mal einem Drachenzorn verfallen. Als ich ihm einmal vorschlug, die unzähligen Schlafsäcke und Feldbetten, die er über Armeekontakte und dubiose Schleichwege organisiert und in seinem Lager gehortet hatte, an die vielen Flüchtlinge im Land zu spenden, stieß ich auf vehemente Ablehnung. Diese „Schmarotzer", wie er sie nannte, könnten sie gerne kaufen. Aber spenden? Das Geld des deutschen Steuerzahlers, so fällt Ihnen sicher sofort auf, ist in den Händen eines Orks mit drakonischen Charakterzügen natürlich perfekt aufgehoben. Lassen Sie mich noch einmal auf die Konferenzen zurückkommen, die ich, zum Teil sogar unter Mitwirkung meines Chefs, für den Verein organisiert habe. Diese Konferenzen waren in mehrerlei Hinsicht für mich eine Auflockerung meines sonst recht zähen Alltags. Dies lag zum einen daran, dass ich bei der Organisation endlich einmal wieder das Gefühl hatte, etwas Sinnvolles zu tun. Auch der vorher beschriebene Austausch mit echten Experten, der engagiert geführt wurde und für beide Seiten wertvoll war, ließ mich diese Konferenzen genießen. Besonders erfreut war ich darüber, dass hier Menschen zusammenkamen, die wirklich etwas für ihr Land bewegen wollten. Diese Leute kannten sich aus, waren engagiert, hatten Ideen. Die meisten von ihnen hätten jeden Cent verdient, den der deutsche Staat für Entwicklungshilfeprojekte ausgab. Warum ausgerechnet meine buckelige Wahlverwandtschaft ihre gierigen Finger an diese Gelder bringen konnte, war mir zu jenem Zeitpunkt noch schleierhaft. Die Einsicht kam, als ich von einem Verwandten meines Möchtegern-Bruders erfuhr, dass dessen Frau eine enge Freundschaft mit einer Mitarbeiterin im BLOED-Büro vor Ort pflegte. Es gibt, mit etwas Moralabstinenz, also immer Mittel und Wege, gut gemeinte Hilfen für die eigene Bereicherung abzuzweigen. Da mein Bruder keine nennenswerten Leistungen und Erfolge in seinem Förderbereich aufzuweisen hatte, hätte sein Antrag rundweg abgelehnt werden müssen. Selbst ein minimaler Abgleich seiner darin enthaltenen Schilderungen mit der Realität durch das

BLOED-Büro vor Ort hätte die Unsinnigkeit einer solchen Fördermaßnahme offenbart. Ich hatte diesen Antrag vorliegen und kann daher sagen, dass jener Abgleich entweder gar nicht oder nur sehr oberflächlich geschehen war. Über die Gründe dafür kann man nur spekulieren. Dass so etwas jedoch überhaupt möglich ist, zeigt, dass die zur Vergabe von Fördergeldern verwendeten Prozesse mangelhaft und möglicherweise manipulierbar sind. Und was möglich ist, egal wie unethisch es auch sein mag, wird erfahrungsgemäß gern in Anspruch genommen. Ein weiterer Grund, weshalb ich diese Konferenzen für so spannend hielt, war mein Chef selbst. Je mehr wir, mein selbsternannter Bruder und ich, uns voneinander entfremdeten, umso mehr gewannen die von uns besuchten Konferenzen für mich noch einen weiteren Reiz. Seine dortigen Showeinlagen waren mir zunächst schlichtweg peinlich, doch nach und nach entwickelte ich spitzbübische Freude daran, ihm dabei aus reichlich Entfernung zuzusehen. Die besten Szenen, die auf derartigen Veranstaltungen entstanden sind und meinen Bruder als Protagonist und tragikomischen Antihelden zum Gegenstand haben, möchte ich Ihnen nicht vorenthalten. Stellen Sie sich die Situation vor: Ein dicker Ork ist gerade aus seiner Höhle im Wald herausgepurzelt. Kurz überlegt er, ob er die Axt noch holen soll, entscheidet sich nach langer Reflexion jedoch dagegen. Schließlich schlurft er in die große, böse Stadt, um dort auf einer Konferenz führender Hofmagier des Landes sein Fachwissen über Elementarmagie zum Besten zu geben. Besser lässt sich die Situationskomik nicht beschreiben, von der seine Darbietungen auf solchen Veranstaltungen geprägt waren. Bruder Ork versuchte unter echten Experten auf solchen Veranstaltungen geradezu zwanghaft im Mittelpunkt zu stehen und tappte dabei von einem Fettnäpfchen ins andere. Da ich schnell feststellte, dass ihn ohnehin niemand ernst nahm, ließ ich es laufen und genoss die Show.

Unangenehm war mir lediglich, dass von meinem Bruderherz im Rahmen von Konferenzen natürlich jedes Mal groß und breit ausposaunt wurde, dass ich sein toller deutscher Experte sei. Er liebte die Wirkung, die das hatte. Aus den Fachgesprächen hielt er mich jedoch konsequent heraus. Er tat Letzteres wohl, um sich selbst die Blamage zu ersparen, bei meinen Ausführungen vor echten Fachleuten wieder einmal nicht folgen zu können. Dass mein Unwohlsein in diesen Situationen jedoch noch einen sehr triftigen Grund haben sollte, der mich schließlich auch zur Aufgabe des Projekts zwang, wurde mir leider erst sehr spät deutlich und lässt mich in der Rückschau meine belustigte Beobachterposition manchmal etwas bereuen.

Ich möchte jedoch nicht vorgreifen.

Besonders die folgende Szene hat sich tief in mein Gedächtnis eingebrannt. Zur technischen Ausrüstung einer Konferenz gehören kabellose, also mit Akkus ausgerüstete Mikrofone. Zeigt die LED-Lampe ein rot blinkendes Licht, müssen die Mikrofone aufgeladen werden. Auf einer dieser Konferenzen drohte nun einem Mikrofon während eines Fachvortrags wie vorherzusehen der Strom auszugehen, was es mit vehementem Blinken zum Ausdruck brachte. Als aufmerksamer Mitorganisator gab ich dem Redner ein aufgeladenes Gerät und er setzte seine Ausführungen unbeirrt fort. Das blinkende Mikrofon schaltete ich aus und drückte es meinem orkischen Compagnon in die wulstig-haarige Hand mit der Bitte, dieses vom Veranstaltungstechniker aufladen zu lassen. Das ist auf Konferenzen eine Alltagssituation und eigentlich nicht der Rede wert – doch da habe ich die Rechnung ohne meinen brillianten Bruder gemacht. Statt das Mikro dem Verantwortlichen zu übergeben, wie es jeder Mensch mit einem IQ größer/gleich Zimmertemperatur getan hätte, wollte dieser – technisch versiert und natürlich weit schlauer als sein deutscher Berater – die Funktionalität des Mikrofons noch einmal überprüfen. Während der Redner vorn seinen Vortrag hielt, schaltete mein Bruder das Mikrofon ein und krächzte für jeden Teilnehmer vernehmbar mit seiner kehlig-kratzigen Orkstimme die Worte „Die LED blinkt doch nur orange. Der Vortragende soll sich nicht so anstellen!" Der Redner blickte sich verdutzt um, die Teilnehmer ließen peinlich berührt die Stirn in ihre Hände sinken. Spätestens jetzt hätte auch der letzte Depp die Klappe gehalten, doch mein Bruder war da anders. Er freute sich sichtlich darüber, sich selbst hören zu können, und quasselte unentwegt weiter: „Test – Test –Test. Hey, das funktioniert doch! Hallo – Hallo – Hallo. Klappt doch alles wunderbar! Ich kenne mich mit sowas aus. Einfach aus- und wieder anschalten und dann gehen die Dinger wieder. Test – Test –Test. Oh, jetzt geht es nicht mehr. Ah, jetzt geht es wieder. Oh, jetzt nicht mehr. Ah, oh, ah." Je klarer ihm wurde, dass das Mikro, da es nicht restentleert war, natürlich noch halbwegs funktionierte, desto lauter wurde er vor Begeisterung. In Situationen wie diesen kam mir manchmal der Gedanke, dass die Kopfhaare meines Bruders nicht nur nach außen, sondern auch nach innen wuchsen und so die letzten dort residierenden grauen Zellen Stück für Stück verdrängt haben mussten. Der Redner blickte jedenfalls hilfesuchend auf mich, die Zuhörerschaft schaute sich um, wer denn da redete. Als sie bemerkten, dass es der Ork war, brachen einige in Gelächter aus, andere zeigten lächelnd auf ihn, wieder andere schwiegen und sinnierten, um die Peinlichkeit des Moments voll auszukosten. Hofmagier können manchmal grausam sein. Das ist natürlich schwer zu toppen, aber meinem feingeistigen Bruder gelang es, da noch eins draufzusetzen. Als hin und wieder doch einmal der Gedanke eines Vortragenden seine dicke Schädeldecke durchschlagen hatte, setzte sich mein Lieblingsork schwerfällig in Bewegung, versammelte sich auf der Bühne und nahm dem Redner das Mikrofon weg, um seinen eigenen Senf zum Gesagten beizusteuern. Ab und an wiederholte mein Chef auch großspurig das vom Vortragenden Gesagte auf Arabisch, weil seine Englischkenntnisse dafür nicht ausreichten. In diesen Momenten saß ich zum Glück mit einigen mir vorher bekannten Kollegen am Tisch zusammen und diese übersetzten mir munter das „Geplapper", was meine unbeholfene Wandelwampe so von sich gab. Bevor er auf Inhalte zu sprechen kam, musste er natürlich erst einmal betonen, dass er hier der Boss sei und als Oberexperte 20 Jahre Erfahrung auf dem Gebiet der erneuerbaren Energien habe. Sodann versuchte er sich in einer Wiederholung der vorherigen Ausführungen des Experten, brachte dabei jedoch Zahlen und Fakten durcheinander und glänzte mit fachlicher Inkompetenz. Diese wurde den Anwesenden schnell klar, nur er selbst bemerkte davon offensichtlich nichts und so hatte er erneut die Lacher auf seiner Seite. Währenddessen stand besagter Experte irritiert neben ihm auf der Bühne und wusste weder ein noch aus. Mein Tischnachbar, der fleißig für mich übersetzt hatte, gab hierzu hämisch lächelnd seine Meinung kund: „Das ist bei dem immer so, nicht nur heute. Der tut ständig wichtig, schwafelt dummes Zeug und macht sich dadurch immer wieder selbst zum Idioten." Was will man mehr? Ich schloss die Augen, lehnte mich zurück und genoss.

Während mein Boss auf der Bühne stehend Unsinn plapperte, klingelte zu allem Überfluss auch noch sein Handy. An dieser Stelle bewies er erneut keinen Sinn für Peinlichkeit: Statt sich zu entschuldigen und den Störenfried auszuschalten, nahm er das Telefonat auf der Bühne an, während der noch immer hilflos dreinblickende tatsächliche Experten neben ihm stand und das Mikrofon lief. In seinem rudimentären Englisch brabbelte mein Bruder vor versammelter Mannschaft auf den Anrufer ein, was sich ungefähr so anhörte: „Ja, ich sein großer Boss … Ja, Solar geht in diesem armen arabischen Land nur über mich; Auftrag sein mehrere Millionen - keine Problem sein, habe ich schon tausendmal machen tun, weiß Bescheid ich! Haben

Minister an Seite mein. Können uns gleich sehen und besprechen große Geschäft in Foyer von Veranstaltungsort. Ja, ich entscheiden kann, was mit Erneuerbare in armen arabischen Land sein. Blabla, blabla, blabla." Würde Gott Peinlichkeit bestrafen, von meinem Bruder wäre in diesem Moment nur noch ein Häufchen Haare übrig geblieben.

Doch auch hier endet die Geschichte noch nicht. So begab es sich, dass auf dieser Konferenz schließlich noch eine Gruppe von R&D[2]-Fachleuten einen Vortrag zum Thema „Die Erneuerbaren in der MENA[3]-Region" zum Besten gab. Dieser Vortrag, in dem es hauptsächlich um die arabischen Länder ging, war die Quintessenz eines Jahres Forschungsarbeit und entsprechend sauber recherchiert und belegt. Die gezogenen Schlüsse waren meines Erachtens sehr klug und so gab es für mich insgesamt an diesem Vortrag nichts auszusetzen. Mein Bruder sah das anders, denn er sah bekanntlich nicht klar. Jedenfalls stellte er sich, nachdem der

---

[2] R&D = research and development (zu Deutsch: Forschung und Entwicklung).
[3] MENA = Middle East & North Africa (zu Deutsch: Mittlerer Osten und Nordafrika).

Vortrag zu Ende war, allen Ernstes auf die Bühne und sprach in seiner unendlichen Weisheit, er müsse den Vortragenden — allesamt top vorbereitete Profis auf ihrem Gebiet — inhaltlich widersprechen. Seine Erklärungen waren dann so, wie es zu erwarten war. Von einem Konferenzteilnehmer auf die vielen Schwachstellen seiner Argumentation angesprochen, entblödete sich mein geliebter Bruder nicht, Folgendes von sich zu geben: „Was ich haben falsch sagen tun, da ich nix kann dafür. Da muss ich fragen deutschen Experten, der mich haben falsch beraten …"

Wie bitte?! Der Widder in mir wütete. Da sich solche Aussagen seitens meines Bruders im Laufe meines Versuchs einer Weltverbesserung wiederholten, spielte ich immer lebhafter mit dem Gedanken, das Projekt zu beenden. Neben meiner eigenen Reputation standen auch die von BLOED und schließlich die von Deutschland auf dem Spiel. Letztendlich sah ich es zudem nicht mehr ein, dass die Ignoranz und Erkenntnisresistenz meines Bruders weiterhin mit deutschen Steuergeldern finanziert werden sollten. Ich quälte mich lange mit diesem Gedanken herum und machte mir die Entscheidung nicht leicht. Wie eingangs geschildert, ist Aufgeben – und so fühlte es sich für mich an – keineswegs meine Art und war für mich daher in dieser Situation auch keine Option. In meinem Magen arbeitete es gewaltig. Die Angst vor dem Scheitern und dem, was danach kommen sollte, stieß mir sauer auf. Vor allem tat es mir leid, all die von mir sehr geschätzten Kolleginnen und Kollegen, die ich im Laufe meines Aufenthaltes im Gastgeberland kennenlernen durfte, im Stich zu lassen. Diese Menschen bemühten sich sehr um ihr Land und nahmen jeden Input dankbar an, den ich ihnen geben konnte. Der Erfahrungsaustausch mit ihnen war mir stets eine Freude und große Bereicherung gewesen und hatte mir immer wieder das Gefühl gegeben, dass meine Arbeit doch nicht für umsonst gewesen war. Kurzum: Ich taumelte und schwankte zwischen zwei Entscheidungen, die beide nicht rosig waren.

Was mir die Entscheidung zusätzlich erschwerte, war der Umstand, dass mich Bruder Ork auf großen Veranstaltungen mit seiner grobschlächtigen Art von echten Entscheidungsträgern abschirmte. Zu diesen gehörten keine Geringeren als der König selbst, Vertreter des Königshauses und Minister, unter anderem der für Energiefragen zuständige, sowie weitere gewichtige Regierungsmitarbeiter. Er tat dies unter dem ganzen Einsatz seines massigen Körpers, indem er sich jedes Mal vor mich drängte oder mich in manchen Fällen gar wegschubste, wenn die Gefahr bestand, ich könne von einem dieser Menschen gesehen oder überdies regelrecht angesprochen werden. Er wusste, dass er in diesem Fall wie der Depp neben mir gestanden hätte, der er war – ohne den Glanz des Experten, ohne echten Beitrag zum Gespräch, ohne Möglichkeit, sich vor den Mächtigen des Landes in Szene zu setzen. Auch aus den berühmten Gesprächen, die auf Konferenzen in kleinen, der Öffentlichkeit entrückten Hinterzimmern stattfanden – dort, wo wirklich Entscheidungen getroffen werden – schloss er mich konsequent aus. Das war ärgerlich, hätte ich doch gerade hier viel für die Entwicklung der Erneuerbaren in seinem Land bewegen können. Dass ich mich schließlich doch zur Abreise entschloss, dazu leistete mein Bruderherz erneut dankenswerterweise große Hilfe. Er tat dies auf einer weiteren Konferenz, bei der er wieder das Mikrofon ergattern und seine Weisheiten in die gequälten Angesichter posaunen konnte. Das Thema der zweitägigen Konferenz war die Implementierung der Erneuerbaren im modernen zukünftigen Energiemix. Der Auftritt meines Chefs, eines Repräsentanten der erneuerbaren Energien, hatte geradezu komödiantische Züge. Ich möchte Ihnen, liebe Leserinnen und Leser, den wichtigsten Teil des auf Arabisch gehaltenen Vortrags nicht vorenthalten und lasse meinen Chef daher in folgender sinngemäßer Übersetzung selbst zu Wort kommen: „Wir haben in den letzten beiden Tagen viel gehört zum Thema Erneuerbare. Ich möchte an dieser Stelle jedoch nicht versäumen mit Freude zu verkünden, dass unser armes arabisches Land einen großen Fortschritt zur Lösung unserer Energieprobleme gemacht hat. Wir haben vor wenigen Tagen einen Vertrag mit einem arabischen Nachbarland unterschrieben, der die Lieferung von Gas für die nächsten zwanzig Jahre sicherstellt und somit eine Lösung der aktuellen Energieversorgungsproblematik darstellt. Wir haben es daher momentan nicht mehr allzu eilig, über Alternativen wie die Erneuerbaren nachdenken zu müssen. Ich freue mich sehr über diese Entwicklung, die unserem Land sehr weiterhelfen wird." Meine Blicke wechselten während dieses Vortags immer wieder zwischen meinem Chef und meinem Sitznachbar, der immer stockender für mich übersetzte. Während Ersterer immer euphorischer wurde, schliefen Letzterem mehr und mehr die Gesichtszüge ein. Er war damit natürlich nicht allein, sondern fand fassungslosen Beistand in den weiteren Zuhörern. Während einige anfingen zu tuscheln, saßen andere verdutzt herum und warteten verzweifelt auf die Pointe, die nicht kam. Ich selbst war belustigt und kam aus dem Staunen und Kopfschütteln nicht mehr heraus. Ich sah meinen Bruder in diesem Moment vor meinem geistigen Auge als dicken Fleischer, der sich Zugang zu einer Konferenz von Veganern verschafft hatte und nun vor der bleicher werdenden Zuhörerschaft über die Freuden des Schlachtens schwadronierte.

Das war der berühmte Tropfen, der das Fass zum Überlaufen brachte. Ehrlich gesagt hat er es sogar gesprengt. Ich entschied mich noch auf der Veranstaltung, meinen tölpelhaften Ork mit seiner mühevoll gehüteten Ahnungs- und Empathielosigkeit seinem Schicksal zu überlassen. Von Lachen gebeutelt packte ich mein Hab und Gut zusammen und suchte den nächstbesten Flug heraus. Am folgenden Morgen, nach gut einem Jahr Aufenthalt, schüttelte ich meinem orkischen Freund also letztmalig die haarige Hand – den Bruderkuss ersparte ich mir – und bestieg erleichtert das Flugzeug in Richtung Heimat.

IV - Couragiert reflektiert

Liebe Leserin, lieber Leser, ich muss Sie loben, ganz ehrlich! Sie haben es fast geschafft. Sie haben einen echten Wälzer zum Thema Entwicklungshilfe nahezu vollständig durchgelesen und dafür meine Anerkennung verdient. Stellen Sie sich mal vor: Ich musste all das sogar schreiben! Nun fragen Sie sich sicher, was ich Ihnen mit diesen drei sicher völlig frei erfundenen Geschichten sagen möchte. Gute Autoren äußern sich nicht zu ihrem Werk. Ich tue es trotzdem, nicht zuletzt aus der Motivation heraus, Ihre Interpretation in die richtige Richtung zu lenken. Schließlich handelt es sich ja hierbei nicht um schöngeistige Literatur, sondern um eine fiktive Realität im Raum realer Fiktion.

Ich habe Ihnen in den vorangegangenen Kapiteln drei Geschichten erzählt, die mein Leben und meine Tastatur so geschrieben haben. Beim Niederschreiben all dieser Geschichten hatte ich viel Wut im Bauch, was Sie sicher an einigen besonders frustrierenden Stellen auch gemerkt haben. Nun bin ich zurück in Deutschland, sitze mit meinem Laptop im Park und die Sonne scheint mir auf den Bauch. Unter diesen Bedingungen habe ich genügend Abstand gewonnen, um das Erlebte zu reflektieren und meine Schlüsse daraus zu ziehen.

Mir ist wichtig, dass die nun folgenden weiterführenden Gedanken Ihnen lediglich als Denkanstöße dienen und Ihre eigene Reflexion weder begrenzen noch ersetzen sollen. Es ist daher meine Bitte, dass Sie sich zum Thema Entwicklungshilfe weiter informieren und sich Ihre eigene Meinung bilden, anstatt meine einfach zu übernehmen – schließlich ist dies nicht die Bild-Zeitung.

Was ich eingangs geschrieben habe, möchte ich an dieser Stelle noch einmal betonen: Es ist nicht mein Ziel, die Entwicklungshilfe insgesamt infrage zu stellen. Ich möchte diese Geschichten nutzen, um anhand meiner Erfahrungen und meiner darauf aufbauenden Recherchen die Aspekte kritisch zu beleuchten, die mir besonders problematisch erscheinen. Die Entwicklungsarbeit liegt mir besonders am Herzen und sie verdient es meiner Meinung nach, dass sich engagierte Menschen für ihre sinnvolle und nachhaltige Verbesserung einsetzen.

Ich sehe mich als einen dieser engagierten Menschen und dieses Buch möge davon Zeugnis ablegen. Bevor ich einige weiterführende Gedanken zum Thema äußere, möchte ich Sie jedoch noch einmal dazu auffordern, diese Zeilen als das zu lesen, was sie sind: ein fiktionalisierter Bericht, der an reale Erfahrungen angelehnt ist, und die auf dieser Erfahrung aufbauende Reflexion eines Praktikers. Ich habe Entwicklungshilfeprojekte aktiv umgesetzt. Ich habe mit Entscheidungsträgern Vier-Augen-Gespräche geführt und bin dabei zum Teil auf ebenso ehrliche wie verstörende Äußerungen gestoßen. Und ich habe in öffentlich zugänglichen Quellen recherchiert. Daraus ist eine Meinung entstanden, die sicher gut mit Fakten unterlegt ist. Dennoch steuere oder verwalte ich die Entwicklungsarbeit nicht und kann daher aus praktischer Erfahrung, Offenheit einiger Gesprächspartner und eigener Recherche ausschließlich eigene Schlüsse ziehen, die sicher in der Sache richtig sind, einer Detailprüfung durch Insider jedoch nicht immer standhalten müssen. Es geht mir viel mehr um die Sache an sich als um Details.

Häufig war ich bei der Datenrecherche auf aufgeklärtes Schätzen oder grobes Überschlagen angewiesen. Dass selten eindeutige Zahlen zu finden sind, liegt an der schwierigen Quellensituation. Je nach Bericht und Interessenlage der entsprechenden Verfasserinnen und Verfasser weichen die Zahlen stark ab. Ich habe mich in diesen Fällen zumeist für einen Mittelwert entschieden. Sofern Zahlen vorkommen, sollen diese eher als grober Richtwert dienen und lediglich eine ungefähre Größenordnung vermitteln. Sie sollen auch ein Mittel sein, Ihre und meine Vorstellungskraft auf der Suche nach geeigneten Lösungen anzuregen und in die richtige Richtung zu lenken.

Erschwerend kommt hinzu, dass die Organisation, für die BLOED sinnbildlich steht, zudem ein privatwirtschaftlich organisiertes Unternehmen ist. Sie sieht sich nicht als öffentliche Institution, obwohl sie zu 100 Prozent aus Ihren Steuergeldern finanziert wird, und agiert entsprechend unter dem Vorwand, dass ein privatwirtschaftlich geführtes Unternehmen nur bedingt auskunftspflichtig sei. Informationen zur internen Organisation, Entscheidungskompetenzen oder Geldströmen fallen damit unter das Betriebsgeheimnis und müssen nicht offengelegt werden. Besser lässt sich Transparenz nicht verhindern. Die Entwicklungshilfe hat einige grundsätzliche Probleme aufzuweisen, die ihre Effektivität massiv senken. Eines dieser Probleme ist, dass sie als Aufgabe bei einem eigens dafür zuständigen Ministerium liegt – dem Bundesministerium für wirtschaftliche Zusammenarbeit und Entwicklung, kurz BMZ. Das BMZ verfügt mittlerweile über einen Jahresetat von fast 10 Milliarden Euro. Das sind 10.000 Millionen und in den vergangenen Jahren war die Tendenz rasant steigend. Dabei sind weitere Mittel für andere Ministerien, beispielsweise die des Bundesministeriums für Umwelt, Naturschutz und nukleare Sicherheit (BMU), das Gelder für Aufträge in Entwicklungsländern zur Verfügung stellt, noch nicht einmal berücksichtigt. Hinzu kommen etwa – dies sei nur am Rande erwähnt – noch einmal rund 10 Milliarden Euro, die von Hilfsorganisationen über Spendengelder eingesammelt und in Entwicklungshilfeprojekte investiert werden. Nur kleine Effizienzverbesserungen haben also gerade bei der öffentlich organisierten

Entwicklungshilfe sehr große Auswirkungen – und Effizienzsteigerung tut not.

Trotz der hoch erscheinenden Zahl handelt es sich bei diesem Budget, verglichen mit denen anderer Ministerien, eher um eine Kleinigkeit. Ein kleines Budget bedeutet vergleichsweise wenig Macht, Minister für Entwicklungshilfe zu werden kann daher eher als Beleidigung aufgefasst werden statt als echter Karriereschritt. Der Unmut von Entwicklungshilfeminister Müller, dessen Ministerium bei der Haushaltsplanung des Bundes für 2020 kein höheres Budget als im Vorjahr eingeräumt bekam, stellt hierfür ein probates Indiz dar. Es mag daher nicht überraschen, dass der damalige Entwicklungshilfeminister Dirk Niebel – ein Mann mit marginaler Auslandserfahrung und daher funktional die denkbar schlechteste Wahl für den Posten – im Jahr 2009 dafür votierte, das BMZ abzuschaffen und seine Aufgaben dem Außenministerium zu übertragen. Seither ist das Budget des BMZ von damals rund 6 Milliarden Euro auf die besagten knapp 10 Milliarden angestiegen. Ich lese daraus den Versuch, durch höhere Zahlen die Wertigkeit des Ministeriums zu erhöhen. Dabei sollten Sie wissen, dass der Jahresetat eines Ministeriums gehandhabt wird wie jedes öffentlich verwaltete Budget: Wenn es bis zum Jahresende nicht aufgebraucht ist, sinkt der Etat des Folgejahres um eben jene Differenz. Daher wird Geld verbrannt, wo es eben geht. Je mehr man auf einen Schlag loswird, desto weniger Aufwand entsteht. Mir hat einmal ein Landesdirektor in einem Anflug von Ehrlichkeit über einem Bier gestanden, dass es BLOED lieber sei, nur wenige sehr teure Entwicklungsprojekte umzusetzen, statt das Geld auf viele kleine Projekte zu verteilen. Das spare Zeit und Aufwand, ohne die eigene Existenzberechtigung zu gefährden.

Ich sprach bereits über Dirk Niebel. Für den sogenannten ‚Drehtüreffekt', bei dem Politiker in die Wirtschaft und Wirtschaftsleute in die Politik wechseln, ist Herr Niebel ein prominentes Beispiel: Er wechselte nach seiner Zeit als Minister im BMZ direkt in die Waffenlobby. Das sollte nicht überraschen, da die Entwicklungshilfe nicht zuletzt dann greift, wenn die Waffenindustrie ihre Arbeit getan hat.

Ein weiteres Grundproblem in der Organisation der Entwicklungshilfe ist der Umstand, dass es sich dabei um ein System handelt, das sich im Erfolgsfall selbst abschafft. Will heißen: Wenn es durch die Entwicklungshilfe gelingt, alle ‚hilfsbedürftigen‘ Länder auf einen Stand zu heben, der sie wirtschaftlich auf eigenen Beinen stehen lässt, werden in der Entwicklungsarbeit viele gut dotierte Arbeitsplätze frei. Wer unternehmerisch denkt, sorgt lieber dafür, dass Kunden zu Stammkunden werden, die die angebotenen Dienstleistungen immer wieder benötigen. Die Crux dabei ist, dass im Falle der Entwicklungshilfe weder das ‚Unternehmen‘ noch die ‚Kunden‘ für die Kosten aufkommen, sondern Sie als Steuerzahler, der nicht steuern, sondern nur zahlen darf.

Alle ‚hilfsbedürftigen‘ Länder zu entwickeln klingt natürlich utopisch und ist es wahrscheinlich auch. Bedenken Sie aber, dass Deutschland nicht das einzige Land ist, das Entwicklungshilfe leistet. Die USA haben mit Abstand den höchsten Etat. Das sollte nicht überraschen, weil die größten Ausbeuter auch immer die beste PR benötigen. Schließlich ist es schön, die Regionen, bei denen man den

Fuß in der Tür hat, abhängig und bei Laune zu halten. Bedenken Sie bitte auch, dass die armen Länder nicht primär deshalb arm sind, weil deren Bewohner einfach unfähig sind (Die Episode in Zentralafrika möge Sie vom Gegenteil überzeugen!), sondern weil die Wirtschaftspolitik der reichen Länder ausbeuterisch und neokolonialistisch ist und daher keine nennenswerte Entwicklung zulässt. Auch Deutschland ist dafür ein sehr gutes Beispiel, da es subventionierte Lebensmittel nach Afrika exportiert, die so billig sind, dass die dortigen Landwirte nicht mehr konkurrieren können und ihre Lebensgrundlage verlieren. Der Wert der so exportierten Lebensmittel beträgt ein Vielfaches der Entwicklungshilfe. Dass Menschen unter diesen Bedingungen zu Flüchtlingen werden, sollte niemanden überraschen.

Bei diesen Summen ist vorhersehbar, dass die Entwicklungshilfe auch solche Menschen anzieht, die dem Idealismus der Entwicklungsarbeit wenig abgewinnen können. Wo genug Geld da ist, dieses Geld locker sitzt und bis zum Jahresende unbedingt ausgegeben werden muss, weil sonst eine Kürzung des Etats droht, ist Verschwendung an der Tagesordnung. Ein Beispiel gefällig? Von den gut 10 Milliarden Euro, die der Entwicklungshilfe zur Verfügung stehen, kommt nur schätzungsweise die Hälfte in den zu entwickelnden Ländern an. Der Rest versickert in den dunklen Kanälen der Selbstverwaltung. Dass diese Schätzung sehr konservativ, ja geradezu gutmütig ist, zeigen Rückmeldungen aus meinem Kollegenkreis. Hier mir wurden mir um ein Vielfaches niedrigere Schätzungen genannt.

Wie das Geld, das dann noch in konkreten Projekten landet, letztlich Verwendung findet, haben die drei Geschichten exemplarisch aufgezeigt. Hier gehören Kurzsichtigkeit, Ahnungslosigkeit und Verschwendung meiner Erfahrung nach zum Programm. Jedes Mal, wenn ich zur Klärung konkreter Problemstellungen in den Dialog mit den entsprechenden Projektverantwortlichen treten musste, sah ich mich mit weltfremden, in schicken, klimatisierten Büros sitzenden Theoretikern konfrontiert, die weder von der Situation vor Ort noch von technischen Zusammenhängen irgendeine Ahnung hatten. Allzu oft waren sie verärgert darüber, dass jemand ihre Ruhe stört. Dabei schworen sie auf realitätsferne Planungen, die dann vor Ort nicht selten von ebenso ahnungslosen und inkompetenten ‚Experten' umgesetzt werden mussten. Kennen Sie sich jedoch aus, denken mit und weichen vom heiligen Plan ab – dann treten Sie der projektverantwortlichen Person auf die Füße, beschädigen ihr Ego und werden eventuell nicht wieder für neue lukrative Einsätze vorgesehen. Ich meine, damit selbst praktische Erfahrung gemacht zu haben. So hüllen sich die beteiligten Personen lieber in einen Mantel des Schweigens in der Hoffnung, die Gelder mögen weiter fließen und steigen. Das ist nicht nur meine Erfahrung, es ist mir auch mehrfach von Kolleginnen und Kollegen sowie von jenen Trainingsverantwortlichen bestätigt worden, die im Rahmen von „Schulungen und Unterweisungen" angehende Projektleiter auf ihren Auslandsaufenthalt vorbereiten sollen. Schade ist, dass dieser Kreislauf mangelnder Effektivität, Effizienz und Nachhaltigkeit die zahlreichen sehr positiven Projekte verwässert, die auch existieren und die das Leben vieler Menschen deutlich verbessern.

Das dritte große Problem der Entwicklungshilfe ist deren höchst undurchsichtige Organisation. Sowohl die Entscheidungswege als auch die Geldflüsse folgen in der Realität keiner nachvollziehbaren Logik. Dass die Institution, für die ‚BLOED' exemplarisch steht, eine Kaptalgesellschaft ist, habe ich bereits geschildert. Dass dadurch eine konsequente Kontrolle massiv erschwert wird und praktisch keine Transparenz in den Abläufen hergestellt werden muss, ist nachvollziehbar und meines Erachtens gewollt. Schließlich fließen die Gelder und sie müssen ausgegeben werden – bei einem Mangel an Transparenz und Kontrolle. Auch Sie würden so eine Gelddruckmaschine sicher vor aufdringlichen Blicken schützen, wenn sie bei Ihnen im Keller stünde, nicht wahr?

Grundsätzlich entscheidet das BMZ, wie Gelder verteilt werden, das heißt, welches Land wie viel Entwicklungshilfe bekommt. Diese Gelder werden dann an Organisationen wie BLOED weitergegeben, die damit als exekutiver Arm des BMZ konkrete Projekte umsetzen. Soweit die einfache Theorie. In der Praxis hat BLOED in jedem Land, das

Entwicklungshilfe aus Deutschland erhält, eine Niederlassung mit eigenen Mitarbeitern. Lustigerweise gibt es in Deutschland für jedes dieser Länder ein weiteres Büro, das sich ausschließlich um die Belange des Landes kümmert, in dem ohnehin ein Regionalbüro existiert. Diese Dopplung in den Funktionen ist mit Logik nicht nachzuvollziehen und auch ökonomisch höchst bedenklich. Da all dies noch nicht kompliziert genug wäre, existieren darüber hinaus Fachbereiche, die sich ebenfalls mit verschiedenen Entwicklungsthemen beschäftigen. Beispiele hierfür sind ‚Wasserversorgung‘, ‚Demokratiebildung‘, ‚Genderthematiken‘, ‚HIV-Prävention‘ oder der schnell wachsende Fachbereich ‚erneuerbare Energien‘ sowie eine endlose Litanei an weiteren Themen, deren Bedeutung, Funktion und angestrebte Wirkung sich dem kritischen Betrachter oftmals nicht einmal erschließen. Diese Fachbereiche werden über die Länderbüros hinaus aktiv, sobald Entwicklungsprojekte ihr Fachthema berühren. Wie die Kompetenzen dabei verteilt sind, lässt sich nicht erschließen. Logisch wäre, dass sich die Regionalbüros mit der Lage im Land, in dem sie angesiedelt sind, bestmöglich auskennen. Somit sollten diese auch formulieren, welche Entwicklungsprojekte am sinnvollsten sind, wie diese umgesetzt werden können und welche Gelder realistisch dafür einzuplanen sind. Dafür können sie auch Projektanträge ortsansässiger Institutionen prüfen und zu konkreten Projektplänen ausarbeiten. Die Fachbereiche, deren Existenzberechtigung mir sehr fragwürdig erscheint, könnten mit gezieltem fachlichem Input auf die Planungen konstruktiv Einfluss nehmen. Das Büro in Deutschland sollte diese Pläne prüfen – insbesondere daraufhin, wie realistisch die Planung ist und ob durch das Projekt wirklich eine nachhaltige Verbesserung der Lage vor Ort gewährleistet werden kann. Diese Kontrolle findet meiner Erfahrung nach nicht vollumfänglich statt. Ich habe den Eindruck, dass genaues Prüfen in diesem Fall einen zusätzlichen Aufwand darstellt, der vermeintlich keinen Mehrwert bringt, weil die Gelder ohnehin fließen. Warum also der Mehraufwand?

Besonders verwirrend ist, dass auch das Landesbüro in Deutschland aktiv in die Projektplanung involviert ist und dabei Kopfgeburten entstehen, die sowohl in der ange-strebten Umsetzung als auch in der erwarteten Finanzie-rung keinen Bezug zur Realität aufzuweisen scheinen. Das Beispiel mit der solarbetriebenen Pumpe in der Savanne zeigt sehr deutlich, dass dabei Lösungen erarbeitet wer-den, die vor Ort nicht funktionieren können. Hier war es ein technisches Problem, an anderen Stellen scheitern Projekte an gesellschaftlichen, kulturellen oder wie auch immer gearteten Herausforderungen.

Eine richtige Einschätzung der Lage ist über eine große Distanz nicht möglich. Ich persönlich halte es daher für sinnvoll, vor einer realitätsfernen Planung ein Team zu-sammenzustellen, das sich die realen Gegebenheiten vor Ort ansieht und dann im Dialog mit den Geförderten ana-lysiert und plant, wie konkret geholfen werden kann und was genau dafür benötigt wird. So ist die Planung auf die echten Bedürfnisse abgestimmt. Zudem wird so im Emp-fängerland der Eindruck vermieden, dass sich eine allwis-sende Obrigkeit aus dem Geberland herablässt, um den armen Ahnungslosen zu sagen, wie ihre Bedürfnisse bitte schön auszusehen haben. Dass in diesem Zusammenhang gern von einem „Marshallplan" für Afrika gesprochen wird, setzt der arroganten Grundhaltung westlicher Entwicklungspolitik die Krone auf. Der ursprüngliche Marshallplan, auf den sich dabei bezogen wird, war kein Geschenk der Nächstenliebe und Fürsorge, sondern sollte lediglich Absatzmärkte erhalten und Feindbilder zementieren.

Die Abstimmung von Hilfsmaßnahmen auf die Notwendigkeiten und Bedürfnisse des Empfängerlandes sollte bei den jeweiligen Länderbüros liegen, doch dies erfüllen sie höchstens unzureichend. Das mag nicht verwundern, weil auch diese davon profitieren, wenn die Planung nicht ganz stimmig ist. Ich weiß, dass das ein harter Vorwurf ist, noch dazu, weil er auf reiner Realfiktion gründet, doch ein salopper Umgang mit Steuergeldern ist hier nicht nur einfach zu bewerkstelligen, er war auch an den Standorten Gang und Gäbe, bei denen ich als Entwicklungsingenieur bzw. involvierter Berater aktiv war.

Dafür, wie das funktioniert, möchte ich Ihnen einige sicherlich gänzlich erfundene Beispiele aufführen. Am besten eignen sich dafür meine Erfahrungen aus dem reichen arabischen Land. Hierfür sollten Sie wissen, dass jeder Projektleiter, der von BLOED in ein Entwicklungsprojekt ins Ausland entsandt wird, beim dortigen Regionalbüro ein Budget erhält. Dieses Budget soll vor Ort alle notwendigen Ausgaben abdecken, die für die Arbeit des Experten nötig sind, also beispielsweise Reisekosten, Hotelaufenthalte, einen Laptop mit der benötigten Software usw. Hier kann praktisch keine Kontrolle stattfinden, da der Entwicklungsingenieur nur selten eine Rechnung zu Gesicht bekommt. Das Regionalbüro rechnet diese Ausgaben stattdessen direkt mit dem Landesbüro in Deutschland ab. Das System ist in etwa so effektiv wie die direkte Abrechnung von Arztkosten mit der gesetzlichen Krankenkasse ohne die Kontrollmöglichkeit durch die Patienten. In meinem Fall habe ich mir die Mühe gemacht, einige der Ausgaben zu kontrollieren und dabei ist mir aufgefallen, dass das Budget sehr viel schneller aufgebraucht war, als dies nachvollziehbar gewesen wäre. Ich kannte die Preise, ich kannte das Budget und beide passten nicht zusammen. Lassen Sie mich Ihnen auch hier ein paar Beispiele nennen, die verdeutlichen sollen, was ich meine. Sie erinnern sich an das sündhaft teure Hotel im reichen arabischen Land, das ich zu Beginn meines dortigen Aufenthalts beziehen musste, weil meine Wohnung noch nicht fertig war? Die Organisation übernahm das BLOED-Büro vor Ort und rechnete dann die Kosten mit mir als Projektverantwortlichem ab, nachdem besagtes Budget ausgeschöpft war. Dabei zahlte ich den Normaltarif des Hotels. Erst später erfuhr ich, dass das Regionalbüro einen Deal mit dem Hotel ausgehandelt hatte, bei dem nur die Hälfte des Normalbetrages zu entrichten war. Die Papierbelege hierfür konnte ich vor Ort einsehen. Da ich voll bezahlt hatte, überlasse ich es Ihrer Fantasie, was mit der zu viel gezahlten zweiten Hälfte passiert ist. Mutmaßen Sie auch ruhig ein bisschen, welcher Betrag vorher wohl mit dem Landesbüro in Deutschland abgerechnet worden ist. Weil keine ausreichende Kontrolle der Geldflüsse stattfand, wurden die Hotelkosten zudem nicht nur mit mir, sondern auch mit dem Projektkunden vor Ort abgerechnet, also mit dem reichen arabischen Land, das die technische Entwicklungshilfe aus Deutschland eingekauft hatte. Der Rabatt wurde auch in diesem Fall nicht weitergegeben. Das Ergebnis: Einer Investition von 50 Prozent eines Betrages für ein Hotelzimmer stehen 200 Prozent Einnahmen durch eben jenes Hotelzimmer entgegen und beide zahlenden Parteien wissen nichts davon, dass die aufgerufenen Beträge zu hoch berechnet und zudem bereits von einer anderen Seite beglichen worden waren.

Dabei handelt es sich sicher um einen Einzelfall. Er zeigt jedoch, dass das übergeordnete System diese Verirrungen zulässt, weil entsprechende Kontrollen fehlen. Dies lädt zu Einzelfällen wie diesem geradezu ein und wenn dann niemand seine Kompetenzen überschreitet, so wie ich es tat, bleibt das Problem unentdeckt. Es war aus meiner Rolle heraus nicht möglich, entscheidende Stellen auf diesen Fall hinzuweisen, ohne mich selbst dabei zu kompromittieren. Die Kritik eines Projektmanagers ist nicht nur nicht erwünscht, sie kann sogar dazu führen, dass ich nicht wieder für vergleichbare Projekte vorgesehen werde. Heiße Kartoffeln lässt man fallen. Was tut man also, wenn man in dem Moment nicht so agieren kann, wie man es gern täte? Richtig! Man schreibt ein Buch. Bitte sehr!

Sie werden sicher fragen, ob es wirklich niemanden gibt, der die internen Angelegenheiten von Organisationen wie BLOED ab und zu genauer unter die Lupe nimmt. Doch, das passiert durchaus. Externe Prüfer untersuchen in regelmäßigen Abständen die Abläufe in derartigen Institutionen und befinden sie ebenso regelmäßig für gut. Also alles bestens? Mitnichten! Dafür müssen Sie wissen, dass dieses System externer Prüfung dem Evaluierungsprozess der Rating-Agenturen vergleichbar ist: Die Prüfer gehören zu privaten Unternehmen, die von den Organisationen bezahlt werden, die sie prüfen sollen. Wer verdirbt es sich denn schon gern mit Stammkunden, bei denen das Geld locker sitzt? Die positiven Gutachten sind daher zu erwarten und ebenso glaubwürdig wie die Aussage eines Drogensüchtigen gegen einen besonders großzügigen Dealer. „Never change a running system!" – Sie erinnern sich an die Einleitung. Leider läuft das System Entwicklungshilfe nicht, es läuft höchstens davon. Hier würde mehr unabhängige, neutrale Kontrolle helfen, denn der herrschende Mangel an Kontrolle schützt das dysfunktionale System und seine Nutznießer. Kontrolle, bei der eine sinnvolle und nachhaltige Verwendung der Gelder geprüft wird, kostet zusätzliches Geld. Gerade bei der Entwicklungshilfe kann sie jedoch helfen, widersinnige Ausgaben zu verhindern und damit sogar Kosten zu senken.

Gehen wir davon aus, dass von der geschätzten Hälfte, die schließlich in Projekten vor Ort landen, ganz konservativ und wohlwollend gerechnet nur 20 Prozent sinnlos verpuffen, dann reden wir über ein Einsparpotential von rund 1 Milliarde Euro. Ein unabhängiges Kontrollgremium mit 5 Mitarbeitern, das im Jahr vielleicht 500.000 Euro kostet und diese Verschwendung möglicherweise verhindern kann, halte ich da für eine gute Investition. Das so freiwerdende Steuergeld kann dann beispielsweise in die maroden Schulen, Straßen und Brücken investiert werden, die es hierzulande zuhauf gibt.

Eine übergeordnete Kontrollinstanz hat noch zahlreiche weitere Vorteile. Sie würde beispielsweise dazu führen, dass es zu weniger Projektzusagen aus purer Gefälligkeit kommt, weil jemand jemanden kennt. Mit solch einer Kontrollinstanz hätte das Geld, das unserem Ork im armen arabischen Land zugeflossen ist, sicher einen deutlich passenderen Adressaten gefunden. Das System Entwicklungshilfe lässt auch diese Gefälligkeitsprojekte zu und was möglich ist, wird erfahrungsgemäß gern in Anspruch genommen. Da dies anscheinend nicht beziehungsweise nicht ausreichend geprüft wird, gibt es über den Umfang der so verbrannten Steuergelder keine belastbaren Zahlen.

Da seit dem ersten Entwurf und dem fertigen Buch nun schon etwas Zeit ins Land gegangen ist, haben sich im Schreibprozess insbesondere hierbei einige Neuerungen ergeben, die ich Ihnen nicht vorenthalten will. So sprach ich vor kurzem mit einer Personalreferentin von BLOED, die mir im Dialog berichtete, dass es seitens des BMZ eine Reform bei der Bewilligung von Fördervorhaben gegeben hat. Die Reform hat das Ziel, dass nicht jedes x-beliebige Projekt oder jeder Einsatz von Experten finanziert werden. Ausschlaggebend für die Bewilligung einer Förderung sei ein nachhaltiger Ansatz des entsprechenden Projektes, der die entwicklungspolitische Relevanz begründet. Das klingt schön und deckt sich mit meinen mehrfach geäußerten Forderungen. Inwiefern die Umsetzung diesem Vorsatz gerecht wird und was genau unter einem ‚nachhaltigen Ansatz' zu verstehen ist, wird sich zeigen. Es wird sich auch zeigen, ob dadurch Gelder eher in die Hände derer kommen, die damit wirklich zur Entwicklung ihres Landes beitragen können. Am Ende bedeutet diese Regelung ja mehr Aufwand und es ist meine Erfahrung, dass mehr Aufwand im Entwicklungshilfekontext eher auf Widerstand stößt.

Insbesondere unter echten Experten in Nehmerländern habe ich zahlreiche Menschen getroffen, die Fördergelder sehr viel mehr verdient hätten als mein selbsternannter Bruder. Menschen, die nicht nur das Herz am richtigen Fleck hatten und ihr Land wirklich weiterbringen wollten, sondern die auch die Kenntnisse besaßen, um genau dies zu tun. Es waren auch diese Menschen, die große Dankbarkeit für die Hilfe von außen zum Ausdruck gebracht haben, insbesondere für das deutsche Engagement. Dabei wurden nicht nur die monetären Zuwendungen erwähnt, sondern auch der Wissenstransfer von ausländischen Experten an inländische Experten. Erwähnt wurden durch diese Personen auch die Verschwendung der Fördergelder und die Selbstbereicherung einiger Mitbürger ihres Landes. Dies geschah stets mit Verbitterung und einem hohen Maß an peinlichem Berührtsein. Immer wieder sprach man sich für mehr Transparenz und Offenheit im Umgang mit Entwicklungsprojekten aus, weil man ein gemeinsames Ziel verfolgt.

Wer am lautesten schreit, so die Erkenntnis, ist nicht immer förderwürdig. Meine eher leisen Gesprächspartner wussten, was zu tun ist, konnten den Aufwand genau abschätzen und hatten eine klare Vorstellung davon, wie Fortschritt erreicht werden kann. Ihre Ideen ließen sich dabei stets auf folgende Kerngedanken zusammenfassen: gezielte Weiterbildungsmaßnahmen, Know-how-Transfer sowie eine wirtschaftliche Kooperation auf Augenhöhe. Arme Länder als billigen Absatzmarkt zu betrachten und entsprechend zu ‚entwickeln' führt zu zahlreichen Problemen auf beiden Seiten und bringt langfristig niemanden weiter. Experten des Nehmerlandes sollten angehört werden, bevor Gelder verpulvert werden. Um sie kennenzulernen, ist Netzwerkarbeit vor Ort nötig und diese braucht Zeit. Das Ergebnis besteht jedoch in einer hohen Effektivität, Effizienz und schließlich in echten Fortschritten des Nehmerlandes. Die richtigen Menschen mit Geld auszustatten bringt Bewegung auf allen Ebenen in Gang: Es führt in den zu entwickelnden Ländern zu den politischen, gesellschaftlichen und wirtschaftlichen Veränderungen, die nötig sind, um einem Thema wie den erneuerbaren Energien den Weg zu ebnen. So können gerade in umweltverträglicheren, nachhaltigeren und zukunftsfähigeren Industrien neue Arbeitsplätze für die reichlich vorhandenen, gut ausgebildeten Hochschulabsolventinnen und -absolventen entstehen. Das Potential an fähigen Ingenieuren ist zumeist vorhanden und die Schaffung von Arbeitsplätzen würde helfen, deren Abwanderung ins reichere Ausland, den sogenannten ‚Brain Drain', zu verhindern. Besonders nachhaltig wird die Entwicklungshilfe dann, wenn ergänzende Trainings- und Spezialisierungsmöglichkeiten in Form von Know-how-Transfer, Ausbildungs- und Schulungsmöglichkeiten geschaffen werden. So kann ein Land wie das besagte arme arabische in absehbarer Zeit wirklich auf eigenen Beinen stehen und aus einer dauerhaften Zuwendung ohne spürbaren Effekt würde die sprichwörtliche Hilfe zur Selbsthilfe werden. Ich finde, dass dies den damit verbundenen Aufwand wert ist. Ganz nebenbei entstehen dabei besonders enge Verbindungen mit einflussreichen Menschen des sich entwickelnden Landes, die dann für eine engere politische, kulturelle oder wirtschaftliche Zusammenarbeit genutzt werden können. So können in sogenannten Entwicklungsländern ganz neue Märkte mit kaufkräftigen Kundinnen und Kunden entstehen. Bleiben wir bei den erneuerbaren Energien: Eine Betrachtung dieser Industrie in den letzten Jahren zeigt, dass es sich um einen gebeutelten Sektor handelt, der in Deutschland trotz Energiewende und Weltretterattitüde an Boden verliert. Die Gründe hierfür sind vielfältig. Eine kluge Entwicklungsarbeit könnte aber genau für diese Branche – und alle anderen auch – im Ausland neue

Märkte schaffen. Sie könnte partnerschaftlich und auf Augenhöhe die gesellschaftlichen Veränderungen anstoßen, die nötig sind, um Sicherheit für ausländische Investoren zu schaffen. Davon würden Geber- und Nehmerland gleichermaßen profitieren, die unseligen Flüchtlingsströme würden versiegen und allen wäre geholfen. Klingt utopisch, ist aber durchaus erreichbar. Der politische Wille ist hier entscheidend – und ein offenes Ohr für nachhaltig agierende Unternehmer und ein fest verschlossenes für die, die arme Länder für ihren persönlichen Selbstbedienungsladen halten. Moderne, bis dato noch unzureichend bekannte und daher wenig genutzte Technologien aufzuzeigen kann vor Ort einen Bedarf schaffen, der durch Unternehmen aus Deutschland befriedigt werden kann. Wen wird man denn fragen, beim Aufbau der damit verbunden Industrien zu helfen, als Unternehmen aus dem Land, das vorher mit Expertenwissen geglänzt hat? So wird nicht nur sichergestellt, dass im Zielland ein neuer lukrativer Markt entsteht, auch in Deutschland werden neue Umsatzmöglichkeiten geschaffen und somit die Anzahl der Steuerzahler erhöht. Besser kann eine Win-Win-

Situation nicht aussehen.

Kommen wir zurück zum oben angeregten Kontrollgremium. Ein weiterer Vorteil dieser Instanz wäre ein erhöhter Druck auf die Empfängerländer, der diese dazu animieren kann, den Veränderungsprozess aktiv voranzutreiben. Gesunde Kontrolle schafft eben auch ein gerüttelt Maß an Eigenverantwortung und genau das soll durch die Entwicklungshilfe ja erreicht werden. Verbunden werden kann dies, wo möglich, mit der Überweisung von Geldern in mehreren Teilbeträgen, wobei jede Auszahlung an die Erreichung eines klar definierten Etappenziels gekoppelt ist. Dies halte ich für eine sinnvolle Maßnahme, um eventuellen Missbrauch der Entwicklungshilfe und eine Kostenexplosion durch zu lange Projektlaufzeiten zu verhindern.

Geht man noch einen Schritt weiter und führt eine durchgängige Projektbegleitung ein, kann der Spareffekt weiter gesteigert werden. Hier wird es schnell kompliziert, doch ich möchte mit etwas Vereinfachung verdeutlichen, was ich damit meine: Projekte werden häufig unnötig teuer, weil deren Finanzierungsplanung im Vorfeld mangelhaft ist und die anschließende Verwendung des Geldes viel Raum für Verschwendung lässt.

Ein Budget für ein Entwicklungsprojekt im Empfängerland wird zunächst ordentlich aufgestockt, damit die Verwaltungskosten in Deutschland gedeckt sind. Ich gehe dabei von einer Verdopplung des Budgets aus, doch den Mehrwert der hohen Verwaltungskosten habe ich persönlich nie erfahren. Ich war, ohne das verallgemeinern zu wollen, vor Ort stets auf mich allein gestellt. Den Projektverantwortlichen war ich als Projektmanager eher ein Klotz am Bein, den man möglichst kleinhalten wollte. Wofür das viele Geld konkret verwendet wird, hat sich mir bis heute nicht erschlossen. Ich habe sogar seit meinem Kontakt zu BLOED, der nun viele Jahre besteht, keinerlei Verbesserung in den Abläufen feststellen können. Hunderte Millionen von Euro sollten die Professionalität kontinuierlich steigern, meint man. Viele selbständige Einzelkämpfer schaffen das mit einem Millionstel dieses Budgets. BLOED hat, nur um einmal ein Beispiel zu nennen, es bis heute nicht hinbekommen, die Vorgaben der Datenschutz-

Grundverordnung aus dem Jahr 2018 in durchgängig funktionierende Prozesse und IT-Abläufe zu gießen. Stattdessen werden automatisiert und im Wochenturnus immer dieselben E-Mails mit Reaktionsaufforderungen an die gelisteten Projektexperten wie mich gesandt, obwohl das darin Eingeforderte längst umgesetzt worden ist. Bleiben wir bei der IT: In der BLOED-Wissensdatenbank nach Projekten zu suchen ist ebenfalls eine unglaubliche Farce. Hier können weder Schreibfehler noch Alternativbegriffe verarbeitet werden, wie dies bei Online-Suchmaschinen längst Gang und Gäbe ist. Nutzen Sie nicht exakt dieselben Begriffe wie diejenigen, die die entsprechenden Beiträge erstellt haben, finden Sie schlichtweg nichts. Ähnlich desolat steht es um die Verwaltung des eigenen Expertenprofils in der BLOED-Personaldatenbank. Diese soll das eigene Profil immer dann mit geeigneten Projekten verlinken, wenn die Übereinstimmung entsprechend hoch ist. Auch hier werde ich immer wieder wegen Projekten kontaktiert, die sich nach der Bewerbungsphase als nicht mehr existent erweisen. Eine Reaktion auf Anfragen meinerseits, was das denn solle, erfolgt nicht. Rufe ich an, habe ich stets Gesprächspartnerinnen und -partner am Telefon, die vom entsprechenden Sachverhalt keine Ahnung haben. Insgesamt wirkt es manchmal auf mich so, als seien wichtige Positionen von Praktikanten und Azubis besetzt oder insgesamt vakant.

Was diesen Eindruck erhärtet, ist die kürzlich gefällte Entscheidung in den heiligen Hallen von BLOED, die besagt, dass ab sofort verstärkt der Einsatz von Entwicklungshelfern präferiert werden soll. Diese sind natürlich deutlich günstiger als erfahrene Experten und viele von ihnen sind sicher mit Herz und Verstand bei der Sache. Dass dadurch langfristig Kosten reduziert werden, halte ich für unwahrscheinlich. Auch die bestmotivierten Laien können meiner Überzeugung nach nicht den Nachteil kompensieren, der aus einem Mangel an Fach- und Sachexpertise, Erfahrung und einem nicht vorhandenen Kontaktnetzwerk resultiert.

Als ich diesen Sachverhalt im Gespräch mit der zuvor bereits erwähnten Personalreferentin anbrachte, war die Antwort ernüchternd: „Entwicklungshelfer lassen sich leichter steuern. Zudem sind sie um einiges billiger als Experten. Für einen Experten kann man drei bis vier Entwicklungshelfer einsetzen und wenn die, aufgrund des mageren Erfahrungshorizontes, nicht weiter wissen, dann sagen wir denen schon, was sie machen sollen." Ob das nun der Weisheit letzter Schluss ist, mag man bezweifeln. Und wo die Nachhaltigkeit bei dieser Neuerung anfangen soll, entzieht sich meiner Vorstellung. Ich persönlich halte es für nachhaltiger, Arbeit für Experten von Experten erledigen zu lassen und Laien in ihrem persönlichen Talentbereich zu Experten auszubilden und unserer fachlich unterbesetzten Wirtschaft einzugliedern. Davon hätten, glaube ich, alle Beteiligten deutlich mehr als vom überholten Geiz-ist-geil-Denken. Und der Gedanke, dass ahnungslose Projektverantwortliche unerfahrene Entwicklungshelfer führen sollen, kommt bei meinem Magen gar nicht gut an. Das erinnert mich an das Sprichwort mit dem Blinden und dem Lahmen.

Es kann in einigen Situationen sicher sinnvoll sein, Berufseinsteigern die Möglichkeit zu bieten, praktische Erfahrungen zu machen. Dass dadurch aber teure Projekte tendenziell länger dauern und weniger qualitativ ausgeführt werden, halte ich für wenig zielführend. Zudem zeugt es nicht gerade von Respekt und Augenhöhe, wenn man entwicklungsbedürftigen Ländern lediglich Laien schickt, auch wenn diese viel Motivation und Idealismus mitbringen. Wissenstransfer funktioniert am Ende nur mit einem Wissensvorsprung.

Viele meiner Kolleginnen und Kollegen schildern ähnliche Erfahrungen, Eindrücke und Gedanken wie die, die ich Ihnen in diesem Kapitel wiedergegeben habe. Dennoch ist konkretes Wissen rund um Institutionen wie BLOED aufgrund von deren privatwirtschaftlicher Organisation rar gesät. Da es keine Möglichkeit gibt, echte Einblicke in interne Abläufe zu gewinnen – sie werden auf Nachfrage auch nicht freiwillig gewährt, sondern aktiv abgebügelt – kann hier nur eine grobe Orientierung gegeben werden. Am Ende liegt es am Steuerzahler, den nötigen Druck für mehr Transparenz aufzubauen. Wenn dir viele auf die Finger schauen, ist allzu großzügige Amtsführung zumindest deutlich erschwert. Das zuvor angeregte neutrale und unabhängige Kontrollgremium könnte hier viel Licht ins Dunkel bringen. Es ist davon auszugehen, dass diese Transparenzsteigerung mit einer deutlichen Effizienzsteigerung einhergeht.

Eine weitere Effizienzsteigerung ist durch intelligente Vor-Ort-Organisation zu erreichen, denn auch dort wird sehr viel Geld sinnlos verbrannt. Nach der großzügigen Aufstockung und dem Versickern von viel Geld im Administrationswust kommt schließlich ein gewisses Budget im Empfängerland an – schön und gut. Hier geht dann die Verschwendung weiter und sie nimmt unzählige Formen an. Dafür seien einige Beispiele aus meinem fiktiven Erfahrungshorizont genannt: In zahlreichen Ländern reicht es bereits vollkommen aus, als Europäer erkannt zu werden, damit die Preise magisch steigen. Oft liegen die dann aufgerufenen Preise weit über dem tatsächlichen Wert vor Ort – nicht selten um ein Vielfaches, obwohl sie uns noch immer recht günstig erscheinen mögen. Zumeist kennen sich die Verkäufer vor Ort besser mit den Preisen in Deutschland aus als umgekehrt, sodass sich ahnungslos einkaufende Deutsche in einem armen Land häufig mit Preisen konfrontiert sehen, die an das deutsche Niveau angepasst sind. Wer diese Preise bezahlt, verschwendet sehr viel Geld. Dies kann durch die vorherige Einholung realistischer Preise verhindert werden. Der Aufwand zahlt sich aus.

Wer sich diesen Aufwand nicht machen will, kann Besorgungen von Einheimischen erledigen lassen. Dies hat den Vorteil, dass diese Einheimischen vor Ort sogar noch Rabatte aushandeln können, die den Spareffekt weiter erhöhen. Von Organisationen wie BLOED wird immer wieder auf Einheimische zurückgegriffen, leider ohne diesen dabei auf die Finger zu schauen. Zudem sind meiner Erfahrung nach für diese Aufgabe allzu oft Charaktere ausgewählt worden, denen jegliche Vertrauenswürdigkeit fehlt. Das Ergebnis ist, dass ausgehandelte Rabatte nicht an den deutschen Kunden weitergegeben werden und Preise sogar noch steigen, weil nun ein gieriger Mittler miternährt werden muss.

Das führt schlussendlich dazu, dass das geplante Projektbudget vor Ort nicht ausreicht, eine mangelhafte Leistung droht und ein dicker Brocken nachgefordert werden muss, damit das Projekt wie geplant umgesetzt werden kann. Die Begründung ist dann stets dieselbe: Man hat wohl bei der Planung den Faktor ‚verschiedene Kulturen' nicht berücksichtigt. Das hat den Vorteil, dass nun Nachfolgeaufwendungen bzw. sogenannte ‚Nachträge' entstehen, für die weitere Verwaltungskosten aufgerufen werden können. Das erhöht künstlich die Projektkosten, senkt entsprechend die Anzahl an Projekten und somit letztlich auch den Aufwand, der für die Investition der erhaltenen Entwicklungsgelder erbracht werden muss. Da die Player im System – meine Wenigkeit eingeschlossen – an diesem Verwirr- und Verschwendungsspiel auf Kosten der Allgemeinheit nichts ändern können, sind Sie gefragt. Ja, ich meine genau Sie, liebe Leserin und lieber Leser! Am Ende ist es auch Ihr Geld, das hier mit einer satten Portion Indifferenz und Ignoranz verpulvert wird. Da Sie offensichtlich weitreichend interessiert sind – Ihr Durchhaltevermögen beim Lesen bis zu diesem Punkt mag dafür Beweis genug sein – sitzen Sie wohl dem allgemeinen Problem unserer Gegenwart auf: Sie erkennen das

Problem und würden gern etwas tun, haben aber keine Zeit dafür. Daher möchte ich Ihnen den Weg dahin sehr kurz machen.

Im ersten Schritt ist es wichtig, mehr Transparenz in die Angelegenheiten rund um die Entwicklungshilfe zu bringen. So kann ein öffentlicher Diskurs über die Stärken und Schwächen der Entwicklungshilfe entstehen, der langfristig auch zu mehr Kontrolle und allgemein verfügbaren Informationen führen wird. Dies kann wie folgt erreicht werden:

Informieren Sie sich tiefgreifender mit dem Thema Entwicklungshilfe und nutzen Sie dazu öffentlich zugängliche Quellen wie die Webseite des Bundesministeriums für Wirtschaftliche Zusammenarbeit und Entwicklung (BMZ).[4] Bei Ihrer Recherche sollten Sie vor allem den Durchführungsorganisationen des BMZ[5] besonderes Interesse wid-

---

[4] https://www.bmz.de/de.

[5] http://www.bmz.de/de/ministerium/wege/ bilaterale_ez/akteure_ez/durchfuehrungsorga/index.html.

men, weil vor allem hier bei Milliardenausgaben sehr wenig Transparenz herrscht. Da sich das BMZ offensichtlich nicht für die Kontrolle seiner Durchführungsorganisationen interessiert[6], sind zahlreiche Nachfragen von außen sicher hilfreich, um hierbei ein wenig nachzuhelfen. Das bringt uns direkt zu Punkt 2.

Kontaktieren Sie die Leitungsebene des BMZ[7] und fordern Sie diese möglichst zahlreich auf, mehr Transparenz in Bezug auf die Nachhaltigkeit von Entwicklungsprojekten in dieser Welt aufzuzeigen, insbesondere im Hinblick auf Gesamtprojektbudgets und die Verteilung der dafür durch das BMZ bewilligten Gelder. Rechnen Sie hier nicht mit einer zielführenden Antwort, sondern mit Floskeln, die Ihnen suggerieren sollen, wie toll alles ist. Erwarten Sie hier bitte keine umfassenden Veränderungen oder auch

---

[6] Wir haben uns um diesen Punkt natürlich vorher mit einem konstruktiv-kritischen Schreiben bemüht. Leider fiel die Antwort sehr ernüchtern aus. Es wurde betont, dass man aufgrund der Unabhängigkeit und Eigenverantwortung der immerhin zu 100 % aus Steuergeldern finanzierten Durchführungsorganisation keinen Einfluss auf deren innere Abläufe nehmen könne.

[7] ttps://www.bmz.de/de/ministerium/leitung/index.html

nur ein bisschen Einsicht. Wir haben das bereits durch und das Sitzfleisch auf Ministeriumsseite scheint besonders dick zu sein. Steter Tropfen höhlt jedoch bekanntlich den Speckstein und sorgt vielleicht irgendwann dafür, dass die Blockadehaltung einer gewissen Hab-Acht-Stellung und – bei genug öffentlichem Interesse – einem kleinen Pflänzchen namens „Anpassungswille" weicht. Je öfter Anfragen interessierter Bürger eingehen, desto eher sind hier Reaktionen zu erwarten, die mehr sind als reine PR. Folgende Fragestellungen bieten sich hier an:

Wie viel des zur Verfügung gestellten Geldes kommt tatsächlich für die konkrete Umsetzung in einem Projekt an?

Wie nachhaltig sind solche Projekte tatsächlich und wie wird das seitens des BMZ geprüft? Wie wird sichergestellt, dass bei der Evaluierung ausschließlich Neutralität vorherrscht?

Warum leistet sich das Ministerium einen solch großen und intransparenten Verwaltungsapparat und wie soll die staatliche Kontrolle durch den Bürger dabei gewährleistet sein?

Wie wird die Zielsetzung „Hilfe zur Selbsthilfe" real umgesetzt? Oder ist man eher bemüht, Nachfolgeaufträge zu generieren?

Wie sorgt man dafür, dass man nicht in erster Linie Industrieunternehmen und große Konzerne in ihrer Marketingarbeit unterstützt?

Wie schafft man eine angemessene Kooperationslandschaft zwischen Unternehmen im Empfängerland und kleinen und mittleren Unternehmen in Deutschland?

Wie stellt man sicher, dass Evaluierungen ein neutrales Bild der Projektabwicklung widergeben, vor allem wenn man berücksichtigt, dass solche Evaluierungen durch die jeweilige Durchführungsorganisation bezahlt werden, die ja dadurch überprüft werden sollen?

Hier handelt es sich nur um Beispiele. Finden Sie auch gern weitere Fragestellungen, wenn Sie nach Ihrer Recherche ein Thema besonders interessiert.

Bekräftigen Sie Ihre Forderungen durch eine Online-Petition, beispielsweise auf openPetition[8] oder WeAct[9]. Viele Unterschriften und damit Befürworter sind hier relativ leicht zu finden und bei Massen kann man irgendwann nicht mehr weghören, ohne sich unglaubwürdig zu machen.

Wofür Sie sich auch immer entscheiden sollten: Sie sind jetzt angefixt und sollten daher umgehend mit der Umsetzung Ihres Vorhabens starten. Erfahrungsgemäß sinkt die Umsetzungswahrscheinlichkeit nach 72 Stunden drastisch. Wenn Sie sich also nicht nur ärgern, sondern Ihren Ärger produktiv kanalisieren wollen, sind die nächsten drei Tage für den ersten Schritt entscheidend. Ministerien vertreten Sie als Bürger*in dieses Landes — sorgen Sie ruhig dafür, dass man Sie dort auch hört! Erst dann sind Veränderungen zu erwarten, die wirklich allen nützen. Ich bin davon überzeugt, dass Entwicklungshilfe im Empfängerland wirklich nachhaltige Mehrwerte schaffen soll,

---

[8] https://www.openpetition.de.

[9] https://weact.campact.de.

die allen dort lebenden Menschen gleichermaßen zugute-kommen müssen. Die Geld- und Sachleistungen sollen weder dort in den Taschen korrupter Machteliten verschwinden noch bereits hier in Deutschland in völlig undurchschaubaren Kanälen versickern. Wenn wir es schaffen, dass Entwicklungshilfe wirklich das hält, was sie verspricht, können wir uns – ganz und gar eigennützig – zahlreiche wertvolle Märkte in aufsteigenden Regionen sichern. Gerade dem Exportland Deutschland würde diese Markterschließung auf Augenhöhe und ohne Zwang und Gewalt sehr gut zu Gesicht stehen. Dass davon deutsche Unternehmen, auch die großen Konzerne, langfristig profitieren können, liegt auf der Hand.

Der unverbesserliche Weltverbesserer in mir sieht eine rosige Zukunft voraus – eine Welt ohne Machtgefälle, in der die Völker kooperieren und nur die Rüstungsindustrie Hunger leidet. Ich halte dies für gleichermaßen realistisch wie erstrebenswert und ich arbeite darauf hin. Die kleinen Anstrengungen, die von Ihrer Seite hierfür nötig sind, sind überschaubar, nicht wahr?

Danksagung

Dankbarkeit ist die größte Kraft im Universum. Es mag zunächst seltsam klingen und vielleicht auch ein wenig arrogant erscheinen, aber wir, die Autoren dieser Zeilen, danken an dieser Stelle zunächst einander. Dieses Buch, so klein es sein mag, hat eine recht lange Entstehungsgeschichte. Sie reicht mehrere Jahre zurück und es wäre sicher nie zum Verfassen beziehungsweise zur Veröffentlichung gekommen, wenn wir uns nicht gegenseitig regelmäßig motiviert, angestoßen und hin und wieder lauthals zum Weiterschreiben angetrieben hätten. Jeder Diamant entsteht unter Druck und über einen Mangel an Druck konnten wir uns in den letzten Jahren nicht beklagen. Zudem gilt unser ausdrücklicher Dank gegenwärtigen wie verflossenen Partnerinnen, die uns immer wieder auf ihre sanfte, aber bestimmte Art zum Los- und Weiterschreiben animiert haben. Sie haben uns in Momenten des Zweifels Mut gemacht, zugegebenermaßen sehr wohlwollendes

Feedback gegeben und im nächsten Moment ganze Kapitel schlimmer verrissen, als es der böswilligste Literaturkritiker hätte tun können. Als Laienpublikum, dem das Schicksal die Rolle beigemessen hat, uns mehr oder weniger freiwillig und auf jeden Fall sehr geduldig Rückmeldungen zu geben, waren eure Gedanken für uns äußerst wertvoll!

Ein weiterer Dank gebührt all den Freundinnen und Freunden, die uns geduldig zugehört haben, wenn der Frust mal wieder überhand nehmen wollte. Ihr hattet immer ein offenes Ohr und ein gutes Wort für uns übrig und habt manche Woge geglättet. So konnten wir hin und wieder etwas Dampf ablassen und mussten nicht alles Unangenehme runterschlucken.

Besonderer Dank gilt zudem all unseren Kolleginnen und Kollegen, die als Fachpublikum fungiert haben. Es war immer wieder gleichermaßen beruhigend und bereichernd zu wissen, mit den geschilderten, natürlich rein fiktiven Erfahrungen nicht allein zu sein. Nahezu alle Leiterinnen und Leiter von Entwicklungshilfeprojekten, mit denen wir unsere Erfahrungen geteilt oder denen wir Leseproben geschickt hatten, fanden sich in der einen oder anderen Geschichte wieder und bereicherten zahlreiche Episoden um ihre ganz persönlichen Details. In Momenten, in denen wir uns nicht sicher waren, wie repräsentativ unsere Schilderungen sind, ermöglichten uns die erfahrenen Kolleginnen und Kollegen neben einer inhaltlichen Bereicherung vor allem eine Erdung und oftmals eine notwendige Orientierung, ohne die jene kaffeetassenübergreifende Gültigkeit unserer Zeilen, die wir uns von Anfang an zum Ziel gesetzt hatten, nur schwerlich erreicht worden wäre. Besonders hilfreich war an dieser Stelle, dass wir von euch auch fachlich darin bestärkt wurden, dieses Buch zu schreiben, um einigen jener Missstände Ausdruck zu verleihen, die unter vorgehaltener Hand in der Branche längst bekannt sind. Zudem möchten wir gerade diese Experten zu mehr Mut und Offenheit im Umgang mit ihren berufsbedingten unbequemen Wahrheiten aufrufen. Niemand schlägt die Hand, die sie füttert, und ein Folgeauftrag ist viel wert. Leider ändert sich dadurch nichts und es erfordert nun einmal Mut und eine gewisse Risikobereitschaft, um positive

Veränderungen anzustoßen. Der Anfang ist gemacht, der Stein rollt. Lasst ihn uns gemeinsam ins Tal der Ahnungslosen geleiten. Auch ein Stein kann ein Denkanstoß, Wachmacher oder Veränderungsimpuls sein. Und zwei Steine sind bekanntermaßen fast eine Lawine.

Ein ganz herzliches Dankeschön gilt auch unserem Illustrator Indra Audipriatna aus Indonesien, dem es gelungen ist, unsere gedanklichen Bilder in eine manifeste und höchst erfreuliche Realität zu überführen. Er hat es geschafft, mit seinem spielerischen Comic-Stil das Augenzwinkern des Textes aufzunehmen und so der Fantasie unserer Leserinnen und Leser, sofern nötig, ein wenig auf die Sprünge zu helfen.

Zu guter Letzt danken wir all den Kolleginnen und Kollegen, die trotz der gegenwärtigen Verhältnisse in der Entwicklungshilfe in den vielen weniger privilegierten Ländern dieser Erde jeden Tag ihr Bestes geben. Ihr gleicht durch viel Engagement und ehrliche Motivation zur nachhaltigen Unterstützung vieles aus, schafft Zukunftsperspektiven und sorgt kontinuierlich dafür, dass unsere Welt ein besserer Ort wird. Eure Arbeit ist sehr wertvoll und wir brauchen mehr von euch! Und wenn ihr euch hin und wieder traut, im Rahmen eurer Möglichkeiten Rückmeldungen und Fingerzeige an eure Projektverantwortlichen zu geben – respektvoll und von Mensch zu Mensch – wäre für uns alle viel gewonnen.

Wir wollen an dieser Stelle nicht versäumen, an Sie, liebe Leserin und lieber Leser, ein weiteres dickes Dankeschön zu verteilen. Sie haben dieses Buch bis zum Ende, ja sogar bis zur Danksagung gelesen. Sie haben sich vielleicht hin und wieder ein bisschen geärgert und ein wenig gewundert. Wir hoffen aber, dass diese Zeilen Sie vor allem gut unterhalten und vielleicht an der einen oder anderen Stelle auch zum Nachsinnieren gebracht haben! Und wir wünschen uns, dass Sie bei der Lektüre zu dem Schluss gekommen sind, dass es da draußen viele fleißige Menschen gibt, die in den unterschiedlichsten Bereichen Tag für Tag dafür sorgen, dass sich Umstände verbessern, Leid gelindert und Lächeln gesät wird.

Zum Abschluss ein Gedanke von Mark Twain, der uns in den letzten Jahre sehr inspiriert hat: „Die zwei wichtigsten

Tage deines Lebens sind der Tag, an dem du geboren wurdest, und der Tag, an dem Du herausfindest, warum." Vielleicht trägt dieses Buch dazu bei, der Antwort auf die Frage nach dem Warum ein Stückchen näher zu kommen.

Es wurde in diesem Geist geschrieben und möge in diesem Sinne seine Wirkung entfalten.

Ein Hinweis an dieser Stelle:

Das auf Seite 7 dieses Buches verwendete Zitat stammt aus dem Kinderbuch „The Lorax" des amerikanischen Autors Theodor Seuss Geisel, genannt ‚Dr. Seuss', und wurde 1971 veröffentlicht. Ein gleichnamiger Animationsfilm wurde 1972 ausgestrahlt, gefolgt von einer Neuverfilmung im Jahr 2012.

Zeitfracht Medien GmbH
Ferdinand-Jühlke-Straße 7
99095 Erfurt, Deutschland
produktsicherheit@kolibri360.de